ENTRE CHIEN ET LOUP

DU MÊME AUTEUR

Le Premier Maillon
Michel Lafon, 2008

Anthony Delon

ENTRE CHIEN ET LOUP

Le cherche midi

ISBN 979-10-414-1061-3

Cimetière de Loyasse, Lyon, fin août 2011

Sous une chaleur caniculaire, 38 °C à l'ombre, derrière un cercueil de chêne massif blanc, le cortège accompagne le défunt vers sa dernière demeure. Cet homme, c'était mon parrain, Georges Beaume.

« Une grande figure du cinéma français vient de nous quitter… » Le ministère de la Culture venait de lui rendre un hommage appuyé, via son ministre de l'époque, Frédéric Mitterrand. Je compte moi aussi à travers cet ouvrage lui rendre ses lettres de noblesse, « mettre les choses dans le bon ordre » comme il aimait tant dire.

Parrain, un titre qui aujourd'hui reste honorifique pour certains, mais qui depuis bien longtemps a perdu son véritable sens, sa fonction vitale. Lui, au contraire, a pris ce rôle très au sérieux. Surtout, il ne désirait être le parrain de personne d'autre. J'avoue que j'en étais très fier et que l'idée me rassurait profondément.

Nous étions peu nombreux ce jour-là. Mon père bien évidemment, accompagné de ma mère et de son chauffeur Daniel. Il n'a pas voulu prendre le TGV pour descendre, il n'aime pas le train, il n'aime pas non plus attendre et veut rester libre de ses mouvements.

Je comprends ça très bien, j'étais pareil. J'ai longtemps éprouvé moi aussi un sentiment de claustrophobie à dépendre d'un tiers, me sentant rapidement emprisonné.

Je suis descendu en TGV, accompagné de Sophie, mon ex-femme et mère de mes deux filles, ainsi que de Lise Fayolle, une amie de Parrain productrice de cinéma.

Derrière le cortège, l'un de ses trois neveux, Sylvain, aujourd'hui maire, et quelques membres de sa famille dont personne ne connaissait l'existence. J'ai remarqué qu'aux enterrements, il y a souvent des gens qui apparaissent comme ça, comme par enchantement, des visages sortis de placards poussiéreux fermés à double tour depuis des lustres.

« Tu es juste mon parrain à moi ?

– Oui, fiston ! » Parfois, il m'appelait aussi « capitaine ».

Nous sommes aujourd'hui le 9 août 2020. Neuf ans se sont écoulés. II y a quatorze mois, mon père faisait un AVC qui lui enlevait la moitié de l'homme qu'il était. À 84 ans, le héros de mon enfance rendait les armes. Il s'en remettra, c'est certain.

Je suis en vacances en Toscane avec ma mère Nathalie, elle aussi à la peine, rongée par un gros cancer. Il y a aussi mes deux filles, Loup et Liv, ma fiancée Sveva et ses parents. Nous avons décidé de passer ces vacances en famille car nous craignons que ce ne soient les dernières de Mamouch.

Ses séances de chimio et de rayons s'étant terminées fin juillet, nous devons maintenant attendre le 15 décembre pour connaître le verdict. Elle a été si courageuse, comme toujours. Elle ne voulait rien faire, sachant qu'une tumeur de 4 centimètres de diamètre à la tête du pancréas laissait peu d'espoirs. Mais vis-à-vis des filles et aussi pour moi, je pense, elle a décidé de se battre.

Elle n'a jamais perdu un cheveu, un miracle. Je ne sais pourquoi cela m'a poussé à penser que peut-être elle s'en sortirait.

Ces vacances sont pour moi douces et compliquées à la fois, car même si depuis des mois je vois ma mère de manière quasi quotidienne, ce n'est pas comme partager sa journée et celle de son cancer à temps plein. Un côtoiement qui chaque instant me renvoie à une dure réalité, la crainte de la perdre, pire, celle de la voir souffrir.

Elle ne montre rien, mais son corps parle pour elle, dans un déplacement, une perte d'équilibre, ou des douleurs étouffées qui se reflètent sur un visage soudain marqué par des mâchoires qui peinent à se relâcher. Elle est présente, debout, fière et souriante, la tête haute, heureuse malgré tout, profitant à chaque seconde de ses petites filles et de ce fils qu'elle aime tant. Je me contrains d'éviter de penser au pire, mais je sais une chose : quoi qu'il advienne, je serai là jusqu'au bout, je ne lui lâcherai jamais la main.

À 56 ans, après des mois de réflexion et vivement encouragé par Sveva, je me suis finalement décidé à écrire. Pourquoi ? La peur de l'oubli sans doute.

J'ai surtout pris conscience qu'une page importante de ma vie était en train de se tourner.

La mort rôdant, j'ai ressenti le besoin, à une époque où plus rien n'est fait pour durer, où le devoir de mémoire disparaît peu à peu dans la conscience collective, d'inscrire des images dans le marbre.

Cette histoire est sur le fond un sujet universel, car la solitude de l'enfant, son besoin d'être aimé et reconnu sera vécu de la même manière où qu'il se trouve dans le monde et quel que soit son milieu. La difficulté à se reconstruire par la suite sera, elle, plus dépendante du tissu social dont il est issu et des ressources dont il disposera.

Comment grandir au sein d'une famille où l'amour serait la première victime d'une malédiction qui se transmettrait de génération en génération ?

Comment dépasser les violences, la peur, l'omerta et ne pas se soulager à notre tour sur nos proches et gagner ce combat, celui d'une vie, le plus dur, celui que l'on mène contre soi pour devenir résilient et, enfin, avoir droit à la liberté. Liberté de penser, d'aimer, de vivre tout simplement. Et aussi, à travers mes yeux et mes souvenirs, quand la porte se referme et que les micros sont éteints, liberté de raconter l'histoire de notre famille, notre clan.

Ce jour-là au cimetière, mon père Alain, qui a le sens de la repartie et la réplique qui claque, a encore excellé. Après la mise en terre, contre toute attente il décida de faire un discours.

Le début m'échappe encore, mais la chute restera gravée dans ma mémoire jusqu'à mon dernier souffle, car elle symbolise à elle toute seule la relation que j'eus avec Parrain : « … Ton filleul Anthony, à qui pour la première fois de ta vie tu as fait du mal. »

Et là, ces larmes que je retenais depuis des heures, accompagnées d'un sanglot profond, sans doute celui du petit garçon qui continue de vivre en moi, jaillirent sans aucune retenue. Satisfait de l'effet provoqué, mais sincère, j'insiste sur ce point, il vint se replacer à côté de ma mère, posant sa lourde main sur mon épaule en passant. Je désirais moi aussi dire quelques mots, mais j'en étais maintenant incapable, sans voix, cloué sur place. Quand le curé me fit un signe de la main, je n'avais d'autre choix que de répondre par la négative.

Il avait encore réussi à me prendre le créneau, l'animal…

En 1956, mon père qui vient juste dc rentrer d'Indochine vit rue Saint-Benoît, à Paris, dans une petite chambre au rez-de-chaussée de l'hôtel Montana qu'il partage avec une jolie femme.

Ou plutôt, avec une jolie femme qui partage sa chambre avec lui, la nuance a son importance.

À l'époque, la rue grouillait de bars et de boîtes de jazz. Comme m'a dit un jour Parrain : « Autrefois, la rue Saint-Benoît, c'était un peu le centre du monde. » Cette petite rue qui prend naissance à l'angle du café de Flore, boulevard Saint-Germain, et vient terminer sa course 200 mètres plus bas rue Jacob, allait écrire le destin de notre famille.

Parrain, qui habitait déjà à quelques encablures de là, quai Malaquais, reçoit en cette fin d'après-midi la visite d'un ami tambourinant frénétiquement à sa porte : « Georges !! »

Lui, qui s'apprêtait à sortir, ouvrit surpris.

« Georges, il faut absolument que tu viennes rue Saint-Benoît, il y a là un jeune d'une beauté hors du commun, il paraît qu'il est rentré d'Indochine, tu dois le voir c'est une star en herbe, j'en suis certain ! » Poussé par cette curiosité dévorante qu'il a gardée jusqu'à ses derniers instants, Georges Beaume se rendit rue Saint-Benoît pour rencontrer le jeune prodige… Alain Delon.

Ils ne se quittèrent plus, du moins jusqu'au divorce de mes parents, car ce jour-là, mon père ne lui laissa pas le choix, c'était lui ou nous.

Il m'a choisi moi, Anthony.

Il était mon parrain et comme je l'ai dit précédemment, il prenait ce rôle très à cœur et sentit à cet instant précis que j'allais avoir besoin de lui.

En 1956, à part être le plus grand agent du cinéma français, qui était Parrain ?

D'abord journaliste, puis à 20 ans rédacteur en chef de *Filmagazine*, *Pans-Théâtre* et *Jours de France*.

De 1947 à 1959, il collabora à *Cinémonde*, avec une chronique sur le cinéma lue à chaque publication par plus de 200 000 personnes. Il fut également animateur du Théâtre Édouard-VII et secrétaire des théâtres Gramont et Pigalle, producteur de radio à la RTF puis à Europe 1.

En 1954, il publia aux éditions de la Table ronde *Vedettes sans maquillage*, écrin ou il présenta l'intimité de stars comme Ingrid Bergman, Clark Gable, Anna Magnani, Michèle Morgan, Gérard Philippe, Jean Marais et Orson Welles, pour ne citer qu'eux.

Beaucoup sont devenues ses amis, d'autres ses clients.

Il est également l'auteur d'adaptations pour le théâtre, notamment *Dommage qu'elle soit une putain*, mis en scène par Visconti, qui marqua en 1961 les débuts au théâtre de mon père et de Romy Schneider.

Au cours des années 1960 et 1970, il posa ses jalons dans l'histoire du cinéma européen en collaborant avec Fellini, Joseph Losey et son ami Luchino Visconti.

Il fondera avec mon père la société de production Delbeau, qui produit notamment *L'Insoumis* d'Alain Cavalier, sur la guerre d'Algérie.

Leur amitié fut immédiate : quelques jours après leur rencontre, mon père s'installait quai Malaquais.

L'influence du premier ajoutée au charisme du second constitua un duo de choc dans le septième art de cet âge d'or.

« Il n'a jamais été mon agent mais nous étions associés » aime à préciser mon père.

Oui, c'est exact. Je voudrais tout de même clarifier une chose : même si les femmes l'ont aidé, ce qui contribue à la légende, c'est bien Georges Beaume qui l'a lancé.

J'ai à la maison cette photo rayonnante d'une candeur joyeuse, lors de leur premier Festival de Cannes ensemble, jouant au ping-pong, décontractés, chemise ouverte, où mon père balance un revers avec un sourire d'enfant plein d'insouciance.

Selon ma mère, quand ils se sont rencontrés il était comme ça, drôle et bon vivant.

C'est le souvenir qu'elle a toujours voulu garder, avouant tout de même l'ombre d'un nuage planant en permanence au-dessus de la tête de mon père, celui de sa mère Édith, avec qui il entretint tout au long de sa vie une relation ambivalente, oscillant tel un pendule entre amour et mépris.

Un jour, le voile est tombé, les fantômes du passé l'ont rattrapé, poussé par l'échec de son mariage et l'effondrement de cette famille dont il avait tant rêvé jadis, lui l'enfant seul et négligé par les siens, ballotté de nourrices en pensions.

Un après-midi pas comme les autres, il me dit : « Tu sais Tony, ma vie s'est brisée le jour où ta mère m'a quitté ; j'étais sur le tarmac de l'aéroport de Bangkok, collé au grillage à regarder l'avion décoller, là j'ai compris que j'avais tout perdu, ma femme et mon fils ; j'étais brisé. »

De Bangkok, il s'est immédiatement envolé deux semaines avec un équipage d'Air France pour faire un tour du monde. « Il retombe vite sur ses pattes, ne t'inquiète pas pour lui va, il en a profité pour sauter quelques hôtesses en passant, j'le connais le filou. » C'est le tour du monde expliqué par ma mère. Il est vrai que dans sa confidence, sincère, il s'était arrêté sur lui, moribond, le visage écrasé contre le grillage du tarmac de l'aéroport et n'avait pas jugé opportun de me raconter la suite de l'aventure qui aurait, c'est certain, terni la couleur dramaturgique de l'instant. À l'instar de ma grand-mère, il a toujours aimé se complaire dans le malheur.

Je pense que l'un des rares combats que mon père ait perdu, c'est celui contre lui-même. En laissant la frustration et la rancœur s'installer, délogeant ainsi l'insouciance de la jeunesse, il laissa le champ libre à une lente dépression qui commença à faire son lit insidieusement. Je me souviens d'un jour où, dans leur appartement de la rue François-Ier, Mireille (Mireille Darc) me dit :

« Anthony, s'il te plaît, ne fais pas de bruit, ton père n'est pas bien, parfois il a le mal de vivre tu sais et il reste enfermé comme ça dans sa chambre dans le noir.

– Pourquoi ?

– Un jour tu comprendras, Tonino. »

Il y restera deux jours.

C'était aussi une des phrases préférées de mon père, quand il ne trouvait pas d'explication ou qu'il n'avait pas envie d'en donner, il sortait sa carte maîtresse : « Tu comprendras plus tard… »

J'ai beaucoup aimé Mireille, c'était une femme remarquable, douce et forte à la fois, dotée d'une empathie très puissante. Je me souviens du jour où mon père me l'a présentée, je devais avoir 5 ou 6 ans. Il m'a emmené dans un appartement parisien, un duplex avec mezzanine. C'est Véronique de Villèle, l'assistante de Mireille, qui m'a ouvert la porte. Elle était lumineuse avec des grands yeux bleus et de magnifiques cheveux blonds tombant jusqu'aux fesses. Mireille est apparue en haut de l'escalier, je vois encore ses jambes interminables, mises en beauté par une minijupe à carreaux. Elles étaient toutes les deux si félines que cela m'a beaucoup intimidé. Apparemment, pas si longtemps que cela selon Mimi, qui aime raconter la première fois où nous nous sommes retrouvés tous les deux quelques mois plus tard.

C'était dans l'appartement de la rue François-Ier, mon père partait tourner, j'avais 6 ans.

Il nous embrassa et me dit : « Tonino, c'est toi l'homme de la maison maintenant. »

Message reçu. À peine avait-il fermé la porte que je me tournais vers elle en lui montrant la sortie du doigt : « Toi tu t'en vas. » Elle n'a pas ri comme aujourd'hui quand elle raconte l'anecdote de ce petit bonhomme sérieux, les sourcils froncés lui indiquant la porte. Non, elle a sans doute fait preuve de psychologie et su trouver les mots en se disant : « Merde, c'est mal barré, ça va être l'enfer avec ce gosse. »

Nous sommes restés proches jusqu'aux derniers instants, même s'il nous arrivait de ne pas nous voir pendant des mois.

À la fin de sa vie, nous parlions beaucoup de spiritualité, partageant les mêmes idées sur plusieurs concepts du bouddhisme comme la réincarnation, ou la vision spirituelle selon laquelle nos défunts ne nous quittent jamais pour rester à nos côtés.

Quelques heures avant sa mort, alors que j'étais sa dernière visite, aux alentours de 19 h 30, et que Pascal son mari avait eu la délicatesse de nous laisser tous les deux, j'ai pu pratiquer ce que l'on appelle un accompagnement. Elle était dans un passage éprouvant. Dans le bouddhisme ce moment est appelé un Bardo, une phase transitoire, et j'ai senti qu'elle avait besoin d'aide.

Cela me surprit un peu, car Mimi s'était préparée à partir et n'avait pas peur, mais il arrive parfois que l'instinct de survie domine l'esprit et continue de lutter. Je me souvenais précisément de ce chapitre du livre tibétain de la vie et de la mort dédié à l'accompagnement des mourants, je lui pris la main, lui répétant des paroles apaisantes et sécurisantes. Après quelques minutes, elle s'était calmée pour reprendre une respiration normale.

Ayant absorbé ses peurs et ses angoisses, mon bras s'était ankylosé jusqu'au coude, je dus le passer sous l'eau et le laver afin d'évacuer les énergies que je lui avais retirées et ainsi me soulager.

Je suis reconnaissant d'avoir pu être là pour elle, c'est un peu comme si à mon tour, je lui rendais l'amour qu'elle m'avait toujours si généreusement donné. Mimi était une résiliente que la vie n'avait pas épargnée, elle avait appris à pardonner, à transformer les blessures de l'enfance en compassion en développant un fort altruisme pour les êtres.

Adulte, elle a eu de grosses épreuves à surmonter, notamment en amour où elle connut l'abandon et le deuil, et puis il y avait cette défaillance cardiaque lui interdisant toute grossesse, qui à terme eut raison de sa relation avec mon père.

« Si Mimi avait pu avoir des enfants, je ne l'aurais jamais quittée » me dit-il un jour…

Je pense qu'il était sincère, car il aimait vraiment Mireille et, depuis l'échec de son premier mariage, avait un réel désir de refonder une famille.

Ils étaient vraiment faits l'un pour l'autre.

Elle fut ma médiatrice, comme quand le matin à Douchy mon père se levait et qu'elle était obligée de me dire à contrecœur : « Tony, ton père se lève, va faire un tour dans le parc. » Il n'aimait pas me voir au réveil, ça l'énervait. Alors je partais le cœur lourd et parlais aux arbres, rêvant d'avoir un frère ou une sœur avec moi, pour moins souffrir de cette solitude que je ne comprenais pas. Je pensais à ce film de Comencini, *L'Incompris*, que m'avait fait découvrir Parrain, l'histoire d'une relation entre un père diplomate et son fils, enfant auquel je m'étais immédiatement identifié.

Il y avait néanmoins deux moments que j'attendais avec impatience durant ces longs week-ends, deux moments de bonheur. Le premier étant la promenade quotidienne des chiens où je pouvais accompagner mon père et marcher fièrement à ses côtés, en silence.

Le second, quand le soir après le dîner nous allions dans le salon et que je pouvais m'allonger sur un des canapés avant d'aller me coucher, l'hiver devant le feu de bois, alors qu'il lisait le journal ou parlait avec Mireille. J'ai énormément de respect pour Mireille, car elle me traita comme un fils, sans jamais vouloir prendre la place de ma mère.

Elle fut aussi l'architecte de la vie de mon père, et mit sa carrière entre parenthèses pour s'occuper de lui. D'abord pour lui construire ses maisons, notamment celle d'Aix-en-Provence, où j'ai tant de beaux souvenirs et qui était pour moi la plus élégante.

Nous vivions un peu comme ces grandes familles italiennes, occupant les différents étages d'un palais sicilien. Mon parrain occupait le premier, l'étage noble, là où les fenêtres sont les plus hautes. « Un hôtel, c'est comme cela que s'appellent ces immenses demeures du XVIIe » disait-il. Il y avait installé sa mère des années plus tôt, à la mort de son mari, pour la rapprocher de lui. Je n'avais jamais vu des plafonds aussi hauts, ils tournaient autour des 5 mètres, dans la bibliothèque les échelles pour accéder aux livres étaient immenses.

Le sol était entièrement recouvert de vieilles tomettes provençales rouge foncé et les murs blancs étaient ornés d'immenses toiles d'époque. Il n'y avait que la cuisine qui était à taille humaine, je suppose que jadis seuls les employés de maison s'y rendaient.

Cette demeure de la place des Quatre-Dauphins était faite pour Parrain.

Un beau jour, le rez-de-chaussée se libéra. C'était moins impressionnant, mais tout aussi beau, l'appartement donnant sur un jardin d'environ 3 500 m^2, entièrement clos de murs immenses (nous étions en pleine ville) recouverts de lierres et de plantes grimpantes.

Il était magnifiquement entretenu, très sauvage également, avec de grands arbres qui trônaient au milieu de la pelouse et beaucoup de fleurs le long des murs.

Au fond du jardin, sur la gauche, sous un petit toit en bambou, enfoui dans la verdure, une grande table d'angle en bois pour déjeuner à l'ombre. Mon père et Mireille sont immédiatement tombés sous le charme et l'élégance de ce lieu.

Mimi qui était déjà une esthète perfectionniste a tout de suite vu qu'il manquait quelque chose pour que notre vie devienne vraiment paradisiaque : une piscine !

L'entreprise s'avérait extrêmement complexe. La maison étant classée, nous n'aurions selon les propriétaires, la famille De B..., jamais l'autorisation pour un tel projet.

Ce n'est pas ce qui allait l'arrêter. Elle a contacté les monuments historiques et a commencé à leur mettre une « pression constante » aidée par son assistante et amie Véronique de Villèle, capable de solutionner les problèmes les plus complexes, et enfin, il y avait Alain Delon.

Nous étions dans les années 1970 et il était au zénith de sa gloire, il était difficile de lui refuser quoi que ce soit. Ce ne fut pas simple, mais

Mireille trouva un compromis : le contour de la piscine devait être fait dans les mêmes pierres que la maison et sa forme devait rappeler la fontaine qui se trouvait côté nord, au fond du jardin.

Notre piscine était donc rectangulaire avec des extrémités en demi-cercle. C'était très beau et se fondait parfaitement dans l'architecture du lieu.

Au début, les travaux ressemblaient plus à une fouille archéologique qu'à une entreprise de construction classique. Mimi l'amoureuse, la bâtisseuse, avait réussi à offrir à mon père une maison unique au monde. C'était notre lieu de vacances privilégié et ce le fut pour cinq belles années. C'est aussi à Aix que j'appris à nager et c'est Véronique qui fut chargée de cette mission délicate, suite à un fâcheux incident…

Mireille avait un chien, Popy, petit bâtard noir et blanc, qui semble-t-il était le seul chien au monde ne sachant pas nager. N'y croyant pas, un jour j'eus la brillante idée de le jeter dans la piscine. Dans la seconde qui suivit, je fus agrippé par le fond de mon pantalon et projeté moi aussi dans l'eau, où naturellement je bus la tasse et, comme le chien, me débrouillai pour rejoindre le bord en moulinant des bras et des pieds.

Mon père sortit d'abord Popy de l'eau, moi ensuite… en pleurs.

« La prochaine fois tu réfléchiras avant de jeter le chien dans la piscine. »

Il n'y aurait pas de prochaine fois, il fallait absolument que j'apprenne à nager.

Grâce à Véronique ce fut chose faite. Véronique était déjà très sportive à l'époque, grande nageuse et championne de France de ball trap (elle créera plus tard ses cours d'aérobic avec Davina), elle m'apprit également à plonger sous toutes les formes : saut de l'ange, saut carpé, et même plongeon de départ.

Voyant que j'étais à l'aise dans l'eau, mon père décida de m'apprendre la plongée sous-marine. Je ne sais quelle mouche le piqua, mais il revint à la maison avec tout l'attirail du plongeur, bouteilles, combinaisons, palmes, ceintures de plomb, ne manquait que le harpon. Ma bouteille était plus petite avec une capacité de trente minutes ; normal, puisque n'ayant pas la force et surtout la taille pour m'en sangler une grosse sur le dos. C'était extrêmement technique, il fallait d'abord apprendre les signes essentiels, puis seulement après de nombreuses répétitions, alors que je bouillais d'impatience de descendre sous l'eau, nous pûmes enfin plonger.

Je voulais immédiatement aller au plus profond du bassin, mais non, là encore on répéta les fameux gestes, puis me prenant l'avant-bras, il me fit comprendre que je devais me mettre derrière lui et le suivre, ce que je fis illico. Je n'ai malheureusement jamais pu faire de plongée sous-marine dans la mer, ce n'est pas l'envie qui me manqua, mais, à cause d'un accident, mon tympan gauche est inapte à supporter la pression au-delà de 3 mètres de profondeur.

Oui, petit, j'étais un habitué des otites et, un jour de retour de vacances, au décollage de l'avion, fragilisé par l'infection, il se déchira net.

Quand nous étions en vacances, je passais mes journées dans cette piscine, hurlant : « Parrain !! », pour qu'il vienne sur son balcon me regarder plonger, sauter, crawler, admirer mes progrès. J'adorais le savoir là à me féliciter quand je faisais les choses, j'aimais ce sourire enchanté qui illuminait son visage dès qu'il me voyait.

Avec moi il était d'une patience à toute épreuve. C'est étonnant, car dans la vie quotidienne, il était assez impatient, en vieillissant il devint même insupportable.

C'est aussi à Aix que je faillis devenir orphelin de père, quand avec son ami Jacky Humbert, figure du grand banditisme marseillais de l'époque, il s'était acheté une Honda 950 Japauto.

Celle de Jacky était grise avec un liseré en forme d'éclair bleu, et la bulle à l'avant arrondie. Celle de mon père avait la bulle carrée, était grise également, mais avec un liseré noir.

Nous étions le 15 mai, c'était l'anniversaire de Mimi et ce jour-là, tout naturellement, elle reçut en cadeau une moto. Une Honda 450 four or métallisé. Ma mère aussi était présente, mais la raison m'en échappe aujourd'hui. Après le dîner, alors que j'étais couché, ils décidèrent tous d'aller faire un tour afin que Mimi essaye son engin.

Par chance ma mère monta derrière Jacky, pilote émérite.

Dans un virage, alors que mon père essayait de les suivre et que Mimi était déjà 2 kilomètres à la traîne, une voiture déboula en contresens face à lui. Dans un réflexe il eut un mouvement d'écart et s'éjecta de la moto alors que le chauffard disparaissait. Il n'y avait pas de téléphones portables à l'époque et il fallut aller chercher les secours. Bilan : moto détruite et coccyx cassé. Cela aurait pu être pire, je me souviens que le matin alors qu'il dormait encore après avoir passé une partie de la nuit à l'hôpital, Mimi, qui était une lève-tôt, me raconta l'accident et la peur de sa vie quand elle arriva à la hauteur de « Papa. » Elle l'appelait toujours « Papa » avec moi, ne disait jamais « ton père » ou « Alain ».

Je me souviens bien de Jacky, car il venait de temps à autre à la maison essayer ses maquettes téléguidées. À l'époque, je ne savais pas encore qui était celui qu'on surnommait « le Mat ».

Il se mettait en maillot et rentrait tranquillement dans la piscine avec son bateau pour le faire naviguer. C'est aussi lui qui me fit faire mon premier tour de sulky derrière un trotteur, à l'époque où mon père avait investi dans les chevaux de course avec Pierre-Désiré Allaire. Je me souviens qu'il possédait un petit cheval au nom d'Equileo, un galopeur qui avait été champion du monde. Mimi l'adorait et le comparait souvent à Jado, notre malinois, le premier d'une longue lignée, qui lui aussi était petit pour sa race, mais rapide et courageux.

Mon père emmenait souvent Jado en tournage, il était devenu la terreur des studios de Boulogne-Billancourt. Mon père s'amusait à s'asseoir sur le plateau, toujours sur ce fauteuil en toile noire marqué à son nom en blanc, avec le chien couché à ses pieds. Inévitablement, il y avait toujours quelqu'un pour venir le saluer, et là, crac ! Jado chopait la main tendue, ça le faisait beaucoup rire. Jacques Deray, le metteur en scène, fut un des premiers à en faire les frais, puis ce fut Vadé, son coiffeur personnel, et enfin, une liste interminable de victimes, dont certains producteurs importants de l'époque qui se reconnaîtront aujourd'hui. Quand Mireille me racontait « Jado la terreur des tournages », ça la faisait tout de même sourire. Elle disait : « Tu te rends compte… les pauvres, papa exagère. »

Nous avons quitté Aix pour Douchy, il était inutile de garder les deux, d'autant que Douchy deviendrait notre maison de campagne. La résidence principale était le quai Kennedy à Paris, encore un appartement trouvé et décoré par Mimi.

Deux particularités de cette propriété plurent immédiatement à mon père. Tout d'abord le fait qu'elle soit entourée de murs, ce qui lui fera dire un jour au général Lebed de l'armée russe, qui lui offrit deux chiens et une Kalachnikov, qu'il l'invitait quand il le désirait à Douchy, et qu'il ne serait pas dépaysé car le lieu lui rappellerait sa datcha. De plus, le fait qu'une des allées principales était ornée de cèdres du Liban était un signe pour lui, car à l'époque c'est le nom que portait la clinique de Beverly Hills où je suis né. Seul point noir au tableau, au milieu des terres trônait un horrible château utilisé pour recevoir des colonies de vacances et des séminaires. Quelques mois plus tard, il n'en restait rien, juste un énorme trou béant qu'il fallait maintenant remplir pour donner naissance à notre lac. Je me souviens du jour où le sourcier avait rendez-vous avec Mireille. Le Loiret regorgeant d'eau, il y en avait forcément sur nos terres cela ne faisait aucun doute, mais comment trouver la bonne source ? Disposant de cartes, il nous emmena dans un coin précis de la propriété, puis il sortit un bout de bois en forme de Y.

Circonspect, je regardais la scène avec beaucoup d'attention, me demandant comment ce « charlatan » allait s'en sortir, car je n'imaginais pas une seconde qu'il pût, à l'aide de cette « fourchette géante », trouver une source pour remplir notre lac et surtout le maintenir à niveau.

Pourtant, après quelques tentatives infructueuses, il la débusqua à 70 mètres de profondeur, tenant son instrument par les deux extrémités, se laissant guider par des secousses plus ou moins violentes venues du sol et invisibles à l'œil nu.

Le forage allait pouvoir commencer. Fait amusant, nous avons détruit un château pour en faire un point d'eau, et avons asséché un étang pour y construire notre maison principale.

C'est aussi à Douchy que Mireille aida mon père à mener ses projets à terme, comme cette organisation titanesque quand elle fit construire un ring de boxe et organisa toute la logistique pour recevoir boxeurs, entraîneurs et Jean-Claude Bouttier, challenger à l'époque de Carlos Monzón, pour le titre de champion du monde poids moyens WBC.

Nous sommes en mai 1972, j'ai 8 ans et je passe mes week-ends sur le bord du ring à regarder des hommes combattre. Fifi, l'un des sparring-partners, me prend en sympathie et m'explique les ficelles du métier, l'entraînement, l'importance du cardio, la corde et le footing.

Il donne tout, Fifi, avec son nez cassé, il veut faire gagner son champion.

Mimi, elle, gère tout ce petit monde, nourriture, boissons, planning des journalistes conviés, absolument toute la logistique. Certains jours, les photographes et journalistes se relaient, mon père, fier et engagé, donne des interviews, on filme Jean-Claude, tout le monde y croit, il règne une ambiance festive qui me fascine : « Moi aussi je veux devenir boxeur finalement… »

Le jour du combat, assis entre Mimi et ma mère, le cœur battant, j'avais peur pour notre champion. Monzón était un tueur, un combattant redoutable, une panthère, celui qui buvait un verre de sang de bœuf tous les matins. À la sixième reprise les deux hommes vont à terre.

À la treizième, Jean-Claude devra abandonner sur hémorragie interne, l'affrontement a été celui de deux guerriers. Plus tard Monzón dira de Bouttier qu'il était son challenger le plus valeureux.

Hormis cette courte période, les week-ends dans notre maison de campagne étaient pour moi interminables. Les seuls moments où j'ai vraiment apprécié Douchy étaient en été. Chaque année, au mois d'août, et ce depuis mes 11 ans, après avoir passé la première partie des vacances à Nice chez ma tante Louisette et mon oncle Pierre, en compagnie de leurs trois enfants, Michel, Patricia et le petit dernier, notre tête de turc, Jean-Marc, nous allions tous à Douchy pour le mois d'août. Le voyage était déjà une joyeuse expédition : Zina, le chauffeur de mon père – « Nounours », comme il avait l'habitude de l'appeler –, ancien catcheur réputé sous le nom de l'Ange blanc, venait nous chercher à la maison aux premières lueurs de l'aube avec « le break ». Ce break était une voiture américaine, particulièrement longue, comme son nom l'indique, qui pouvait tous nous emmener en un seul voyage. Tous les six plus Nounours.

Trois sur la banquette avant, trois à l'arrière et un dans le coffre allongé au milieu des bagages, la meilleure place, que nous échangions, nous les enfants, environ toutes les heures. Le voyage était long, 800 kilomètres, mais nous étions heureux.

En arrivant à Douchy, nous retrouvions Mimi et mon père s'il n'était pas en tournage. Je crois qu'il aimait lui aussi l'idée de ces vacances en famille. Il aimait bien Louisette et Pierre, ça lui faisait de la compagnie, même si rapidement le bruit et les gosses le « gonflaient ».

Il y avait des jours avec et des jours sans.

Les jours avec, il se baignait avec nous dans la piscine, nous faisait même des blagues pour nous faire peur le soir alors que nous étions couchés dans ma grande chambre tout en longueur, qui contenait suffisamment de lits pour être qualifiée de dortoir.

Il lui arrivait de monter sur le toit et de gratter les tuiles d'ardoise comme s'il y avait des bêtes, ou bien même de se mettre un drap sur la tête, éclairé par une lampe de poche et de rentrer dans la chambre en rugissant doucement comme s'il était un spectre.

Il voulait absolument que pendant ces vacances nous soyons occupés, il avait chargé Mimi de nous organiser des activités qui, je l'admets, nous plaisaient moyennement.

D'abord monter à cheval, trois fois par semaine chez M. Marteau, l'homme aux neuf doigts, le dernier ayant été sectionné par une jument récalcitrante. Nous n'aimions pas beaucoup monter à cheval, moi le premier. J'adore les chevaux mais je n'ai jamais été à l'aise en selle. Des années plus tard, j'eus une fiancée joueuse de polo qui tenta de me mettre à ce sport, argumentant qu'en jouant la peur disparaîtrait, ça n'a pas fonctionné. Mes cousins ne raffolaient pas non plus de ces cours équestres, du coup on chahutait pas mal, surtout en manège : faire tomber l'un ou l'autre pour rigoler, couper sa trajectoire et mettre le cheval en vrac était devenu notre occupation favorite. Cela tombait souvent sur Jean-Marc, les enfants sont ainsi, le petit dernier étant toujours la tête de turc, car protégé par sa mère.

Venaient ensuite les cours de tennis, ce n'était pas notre sport non plus. Le prof s'arrachait les cheveux, les balles partaient à vau-l'eau, nous faisions exprès de les envoyer en dehors du court pour le décourager et mon père, qui observait tout ça de sa chambre au premier étage, commençait à s'agacer en nous traitant de « branleurs ». Il changea plusieurs fois d'entraîneur, cherchant sans doute une prise de conscience pédagogique de notre part, puis un jour il crut trouver la parade et fit venir un prof handicapé sur une chaise roulante. Avec le recul, je me demande s'il était réellement infirme, mais le résultat fut probant. Déstabilisés et culpabilisant, nous cessâmes nos bêtises. Satisfait, il nous observait de l'intérieur de sa chambre avec des jumelles pour ne pas être vu (dixit Mireille.) Alors nous traînions les pieds, renvoyant les balles avec une évidente mauvaise foi, et après quelques cours avec l'homme au fauteuil, mon père jeta l'éponge, pour ne pas continuer à jeter ses deniers j'imagine. Il comprit finalement que ces jeux d'« aristos » n'étaient pas pour nous, il aura fallu deux étés.

La troisième année, malin comme à son habitude, il décida de nous faire repeindre les barrières du parc à chevaux de 4 hectares se trouvant derrière la maison, à raison de trois heures par jour, nous étions payés 5 francs pour travailler. Un peu moins d'un euro actuel, mais à l'époque avec une telle somme vous pouviez vous acheter pas mal de choses, comme des pochettes-surprises ou des bonbons. Certaines fois, les travaux de ravalement finissaient par des bagarres au pinceau, c'est toujours ma cousine Patricia qui commençait les rixes.

Patricia a toujours aimé mettre le foutoir, c'était un garçon manqué, normal avec deux frères et un père autoritaire qui la traitait comme un fils. Elle n'avait peur de rien, c'est d'ailleurs la seule de nous quatre qui tenait tête à mon père.

En revanche, les jours sans, il devenait rigide sur des choses ridicules, comme cette histoire de fourchette. Un jour, alors que nous étions tous à table pour déjeuner, j'avais du mal à synchroniser mes mouvements : « C'est la fourchette qui va à la bouche et pas le contraire ! » Après deux ou trois remontrances, pris d'une rage subite, il attrapa mon assiette et la projeta par la fenêtre grande ouverte accompagné d'un « Tire-toi dans ta chambre !! ».

Le déjeuner terminé, mes cousins se précipitèrent pour me retrouver et c'est à ce moment que mon père, à nouveau possédé par ses démons, surgit un gros fouet de cuir à la main.

Ironie du sort, celui de Zorro.

Couché sur mon lit, je compris vite la suite et me mis en boule pour amortir les coups qui s'abattaient sur moi en claquant. Je ne pense pas qu'il les appuya vraiment, je n'ai aucun souvenir de douleur physique, par contre les mots laissèrent de larges entailles, longues à cicatriser : « Même mes chiens je ne les frappe pas avec ce fouet ! » disait-il entre deux coups.

Des années durant, cette phrase résonnera dans ma tête accompagnée de mille questions, la plus douloureuse étant naturellement : m'aimait-il ?

Et moi, est-ce que je m'aime suffisamment ?

À 56 ans, je n'ai pas encore la réponse, certains événements de ma vie personnelle ces dernières années m'ont plongé à nouveau dans le doute. Le corps peut devenir une arme, mais les mots également, je ne sais pas laquelle laisse le plus de traces.

J'ai moi aussi à plusieurs reprises ressenti cette vague de violence et de colère qui prenait possession de moi et qui m'a souvent poussé dans ma jeunesse à me battre. Plus tard, elle est réapparue de manière encore plus destructrice envers ma fille aînée Loup, mais jamais je ne l'ai laissée me dominer, l'amour et le respect que j'ai pour mes enfants ont toujours été les plus forts. J'ai appris l'auto-vigilance, à scinder mon esprit en deux pour qu'une partie reste en veille, décidant de ne jamais passer le cap où je m'abandonnerais à cette rage jouissive qui me soulagerait d'un trop-plein. La coupe vide, le cerveau s'assoiffe à nouveau, prêt pour un autre shoot, ressentant l'urgence de s'abreuver pour un nouvel orgasme dévastateur.

Je serai plus résistant, je n'aurai jamais cette faiblesse.

Un deuxième incident diplomatique vint émailler nos vacances cet été-là et faillit provoquer un retour anticipé à Nice de la famille Ottevaere.

J'avais cette sale habitude, qui reste tenace encore aujourd'hui, de mettre mes doigts dans les gâteaux pour goûter. Ce jour-là, un ami de passage avait emmené un pithiviers à la pâte d'amande pour le dessert. Alors que je passais dans la cuisine, ne résistant pas, je plantai un index bien droit dans le feuilleté.

« Qui a mis son doigt dans le gâteau ! ? » Au moment de passer à table, mon père était dans le rouge. Tout le monde connaissait ma pulsion, lui y compris, il a la même.

Je restai silencieux. Commença alors ce qui devint le « Douchygate ».

« Tant que le coupable ne se dénoncera pas vous serez tous punis, séparés chacun dans une chambre. » Nous y sommes restés deux jours.

Je ne voulais pas me dénoncer, les allers et retours incessants de Mireille n'y feront rien, jusqu'au moment où après vingt-quatre heures, Louisette commença à s'agacer contre le « père Delon » et son entêtement.

« Ça suffit ! Ce sont des gosses, tout ça pour un gâteau ! ? Soit la comédie cesse, soit on rentre à Nice et c'est la fin des vacances » dit ma tante. Mimi est remontée me parler… Pour les vacances des cousins, j'ai finalement cédé.

Mon père prévenu, seul dans le salon, attendait solennellement le coupable, l'air grave, au bout de son bureau une grande table en bois de 4 mètres de long. Il savait qu'il ne fallait pas trop me chahuter car Louisette avait prévenu : si le gosse ramasse, on rentre. Je me suis dénoncé, j'ai eu le droit à un : « Tu ne pouvais pas le faire plus tôt ? tu as fait chier tout le monde pendant deux jours », je pensais : « Et toi tu crois que tu ne nous as pas fait chier ? » J'aurais aimé pouvoir le dire tout haut, mais je tournai les talons en silence.

Mon père a tenté à de nombreuses reprises de me plier, de m'affaiblir, et ce depuis l'âge de 10 ans, l'âge où je suis devenu un homme selon lui.

Je ne pense pas qu'il désirait me « détruire » même si ses manœuvres allaient dans ce sens, mais plutôt me soumettre. Comme dans une horde de loups où le clan doit se plier face au dominant.

Consciemment ou pas, la destruction était tout de même à l'œuvre.

Rejeté dans son enfance par ses parents, abandonné et mal aimé, il reproduisait à sa manière, avec sa violence à lui, le traumatisme vécu. Comme ce fameux soir où nous étions seuls à Douchy avec Pierrot, un ami de mon père, et que la discussion, par je ne sais quel hasard, se porta sur les accidents liés aux attaques de requins. Je n'avais pas plus de 12 ans et pour prouver mon amour je dis : « Tu sais, si tu étais dans l'eau entouré par des requins, je plongerais pour venir te sauver papa… » Attendant un « merci fils » ou un geste tendre, je récoltais : « Ah oui ! Ne dis pas de conneries, faut du courage pour faire ça ! » L'enragé était de retour !

« Prouve-moi déjà que tu as des couilles, va faire le tour du lac dans le noir… allez ! » Je me souviens encore de l'intervention de Pierrot avec son accent corse. « Alain arrête, laisse le petit, oh… »

Il savait pertinemment que j'avais peur du noir, sans compter que le lac est à 300 mètres de la maison en lisière de forêt et qu'il fait 5 hectares. En faire le tour équivalait à vingt-cinq minutes de marche en plein hiver dans une nuit noire.

Je tentais d'y échapper, soutenu par Pierrot, mais rien n'y a fait.

La seule compensation que j'avais obtenue était que Masha, notre chienne yougoslave de Charplanina m'accompagne. Là-bas, même avec Masha, à l'autre bout du lac, les lumières sciemment éteintes, quand la maison au loin semblait minuscule, j'avais peur.

J'imaginais toutes sortes de créatures surgir de derrière les grands arbres pour m'égorger, ou me prendre.

Que ferait Masha ? c'était ma grande question.

Avec le temps, il avait réussi à me familiariser avec la peur.

Il aurait également pu m'amener à en déduire que cet homme, mon père, ne m'aimait pas et ainsi anéantir une partie de moi.

J'ai douté naturellement, mais en réfléchissant, j'avais compris qu'il m'avait désiré comme rien d'autre au monde et que jusqu'à son divorce, l'année de mes 4 ans, il m'avait aimé comme personne, de cet amour et cette fougue sans limites, si propres à la jeunesse.

J'ai en moi le souvenir de son regard, de ses bras m'enserrant quand nous faisions la sieste, son odeur, telle un réflexe pavlovien, imprégnée dans mes cellules et qui le moment venu me rappelait l'existence de l'amour, un jour…

C'est en 1958, pour le tournage de *Christine*, que mon père rencontra Romy Schneider avec qui il se fiancera, mais qu'il quittera avant le mariage pour ma mère. Un simple bouquet de fleurs sur la table avec un mot alors qu'elle rentrait de l'étranger : « C'est terminé, ne m'en veux pas, j'ai rencontré une femme, Nathalie, et je pars avec elle. »

À Paris, mon père et Romy vivaient heureux, tout d'abord dans le petit deux-pièces du quai Malaquais, face au Louvre, qui servait aussi de bureau à mon parrain. Il logeait quant à lui dans un studio sur cour, qu'il appelait sa « cellule ». Mon père et Romy emménagèrent ensuite dans l'hôtel particulier qu'il avait loué avenue de Messine, où je vivrai avec ma mère et Loulou des années plus tard.

C'est en 1960 que Parrain et mon père louèrent ensemble la maison de campagne de Tancrou, à côté de Meaux, où je fus baptisé et où Parrain et Loulou, ma nurse, qui devint ce jour-là ma marraine, entrèrent dans la famille, dans cette belle et petite église mitoyenne à la maison.

« Qu'est-ce qu'on a été heureux à Tancrou avec ton père et Romy… Et les chiens ! Hi hi, je me souviens encore de ce matin d'hiver où à 9 heures je suis rentré dans leur chambre, ouvrant grand les volets sur un ciel bleu azur et où je dis : "Respirez les enfants, l'air est tellement frais qu'on pourrait le mâcher !" J'ai cru que ton père allait me tuer ce jour-là. »

Une forte amitié liait Parrain et Romy, j'avais une magnifique photo d'eux au Festival de Cannes que j'ai offerte à Dominique Besnehard, où Parrain très protecteur se tenait près d'elle tel un ange gardien. Elle lui avait aussi offert une magnifique Cartier extra-plate en platine qu'il ne quittait jamais et qu'après vingt ans, un jour, étourdi comme à son habitude, il oublia sur le rebord du lavabo d'un grand hôtel parisien.

Je n'oublierai jamais le jour où je lui ai annoncé sa mort, c'était en mai 1982, nous étions à Dinard, j'écoutais la radio dans ma chambre quand j'entendis la nouvelle. Je me suis précipité pour la lui annoncer, et là, lui qui habituellement avait beaucoup de tenue face à l'adversité, a été pris d'une sorte de haut-le-cœur, un violent sanglot a soudain basculé sa tête en arrière, me donnant l'impression qu'une main invisible l'avait lâchement poignardé dans le dos.

Parrain a perdu beaucoup d'amis dans sa vie : Cocteau, Jean Marais, Orson Welles, Luchino et tant d'autres. Quand cela se produisait, il y avait une fatalité tranquille chez lui qui montrait bien qu'il acceptait le cours des choses. À la fin de sa vie, il lui arrivait de faire cette réflexion très imagée qui me faisait sourire, il disait : « Untel est mort… les rangs se déciment. »

J'adorais Tancrou ! Mes premiers souvenirs sont là-bas. Je me souviens d'un 25 décembre où mon père s'était déguisé en père Noël et où un énorme train électrique déjà monté m'attendait à minuit dans le salon. Les premiers pas d'Armstrong sur la Lune que nous avions suivis sur le poste de télévision noir et blanc du salon m'avaient également marqué ; j'avais 4 ans.

En revanche, je ne me souviens pas de mon baptême, ou du jeu de la tour. C'est ma mère qui me l'a raconté. Les Delon mère et père sont des carnassiers, ils aiment se provoquer, se jauger, repousser les limites, ils ont la dent dure, ne savent pas lâcher, vont jusqu'au bout quitte à se faire mal. Ils se ressemblent sur le fond, là-dessus en tout cas. (Je me souviens de cette interview qu'ils ont donnée ensemble dans le pigeonnier de Tancrou, où ils se « vantaient » d'être deux pots de fer qui se cabossent l'un contre l'autre.)

Le jeu de la tour donc, rien de mieux pour ravager une soirée, un mariage ou dans le cas présent, mon baptême. La règle est simple : tu es en haut d'une tour, tu n'as pas d'autre choix que de pousser une des deux personnes choisies.

Jean-Claude Brialy a valsé à maintes reprises, le pauvre, mais comme me l'a expliqué ma mère, pas parce qu'on ne l'aimait pas, mais parce qu'il n'avait pas d'égo, « c'était une sorte de fusible ». À un moment, le jeu s'est durci, et mon père dit : « Nat, tu pousses qui, mon père ou ma mère ? » (Évidemment les deux étaient présents.) Mon grand-père est passé par-dessus bord. Puis vint le tour de ma mère : « Alain, tu pousses qui, ta mère ou moi ? » « Ma mère. » Ambiance, ne jamais se frotter à Nat ou alors il faut être prêt à tout, elle peut se montrer sans merci. Après un tour supplémentaire, mon père a surenchéri, je ne sais pas avec qui, mais ma mère était assurément lancée : « Alain, tu pousses qui, Georges ou Luchino ? »

Visconti est passé par-dessus bord. Blessé à mort (lui avait de l'égo), il s'est levé, a quitté la table, se faisant raccompagner sur-le-champ à Paris par… Brialy. On entendait les mouches voler. Plus personne ne voulait jouer à présent, ils étaient seuls dans un silence de mort.

« Nat, tu pousses qui, moi ou Anthony ? »

« Toi. » Il ne lui parla plus pendant deux jours.

La soirée qui s'annonçait si douce par cette belle journée de septembre venait de prendre l'eau définitivement. Rideau.

La rencontre de mes parents a été presque aussi explosive. Ce soir-là, sans doute un samedi de l'année 1962, Jean Poniatowski rejoint en boîte de nuit mon père et ses inséparables copains. Une amie fraîchement arrivée du Maroc où elle a grandi l'accompagne, ma mère.

Après avoir dansé un peu, elle s'ennuya et demanda à Jean de rentrer. Ma mère, dotée d'une intelligence subtile, a toujours rapidement fait le tour des choses, c'était une constante chez elle. Un type était assis sur son sac :

« Monsieur vous êtes assis sur mon sac.

– Tiens, le voilà ton sac ! » répond-il provocateur.

Ma mère qui ne connaissait pas mon père dit en prenant son sac : « Espèce de connard, tu pourrais rester poli !! » et elle quitta l'endroit sans se retourner.

Le lendemain il appela Poniatowski : « C'était qui la fille avec toi ? Je veux que tu me la présentes. »

Mon père tournait à l'époque *La Tulipe noire* en Espagne, tandis que Romy tournait un film à l'étranger. Il demanda à ma mère de l'accompagner, ce qu'elle fit, et ils ne se quittèrent plus.

À son arrivée en Espagne, la presse qui ne lâchait pas mon père d'une semelle avait remarqué cette femme d'une grande beauté qui l'accompagnait et l'avait sans réfléchir assimilée à sa sœur, tant leur ressemblance était frappante.

Ils se marièrent quelques mois plus tard, avant de s'embarquer sur le paquebot *France* pour l'Amérique, où une belle carrière était promise au jeune Delon qu'il était.

À l'époque, mes parents ne voyageaient pas léger. Quand ils embarquèrent, la veille du départ, ce fut avec une dizaine de valises, une Ferrari, leur chien Brando, un dogue allemand de taille adulte, Loulou et moi, encore dans le ventre de ma mère enceinte de six mois.

Ils eurent le privilège d'avoir pour une nuit le paquebot à eux tout seuls, le capitaine du navire leur faisant faire une visite privée avant de leur offrir un dîner aux chandelles sur le pont arrière.

Dès notre arrivée à New York, nous nous sommes envolés pour la Californie et la Ferrari nous suivit en train sous bonne escorte. À Los Angeles, dans le quartier de Beverly Hills, nous attendait une jolie maison avec piscine, louée par la production du prochain film de mon père, son premier sur le sol américain, *Les Tueurs de San Francisco*, et qui appartenait aux parents de l'actrice Mia Farrow, future femme de Woody Allen.

Quelques semaines plus tard, le 30 septembre 1964, je suis né à la clinique des Cèdres du Liban, qui était devenue en 1961 l'un des plus célèbres hôpitaux du monde, le Cedars-Sinai Hospital, où les plus grandes stars de la planète viennent encore se faire soigner. Après ma naissance, mes parents ont décidé de quitter Beverly Hills pour les collines de West Hollywood, moins aseptisées selon eux et surtout jouissant d'une vue imprenable sur la mégapole américaine.

En 1965, à peine un an plus tard, mon père avait déjà le blues de la France, de son pot-au-feu et de son camembert. Nous avons plié bagage pour le Mexique le temps de prendre quelques vacances, puis sommes rentrés à Paris. Il avait surtout compris qu'il ne ferait pas la même carrière là-bas que chez nous, me confiant un jour : « Il vaut mieux être le numéro 1 dans ton village, que le numéro 3 ailleurs. »

Comme cadeau de mariage, Parrain offrit à mes parents une île en Bretagne, face à Saint-Malo, un petit fort sur un rocher détruit par les bombardements allemands, fort Harbour. Ils n'y sont allés qu'une fois, la riviera bretonne ne les excitait pas et le fait que Chateaubriand fût enterré face à notre île leur passait complètement au-dessus de la tête. Pour nous, l'île et ses mouettes était devenue un lieu de pèlerinage, un rituel. Parrain savait que j'avais besoin de repères, donc chaque année, pour le week-end de Pentecôte, nous nous rendions au *Grand Hôtel* de Dinard, accompagnés de Loulou ma marraine et de Manu, le fils de Dani, mon meilleur ami. Le lendemain, nous engagions le même marin pêcheur à la gueule défoncée suite à un accident de navigation, qui devait nous emmener sur notre caillou. Les mouettes, qui en avaient pris possession, dès notre approche se mettaient à voler en cercle, hurlant car nous les dérangions. Parrain, lui, prenait ça pour un salut de leur part, il a toujours su voir les choses du bon côté.

Le dimanche, nous déjeunions toujours sur l'île de Cézembre, avions la même table, dans le coin gauche face à la mer, chez le corsaire, un ancien nageur de combat à la carrure impressionnante. Pour l'enfant puis le jeune adolescent que j'étais, ces traditions étaient primordiales.

Un jour, mon père vendit l'île.

« Mais, il n'en a pas parlé à ta mère ? dit Parrain.

– Non.

– Tout de même, elle était à eux deux, c'était mon cadeau de mariage. » Il n'était pas content, et puis surtout, nous ne pourrions plus y aller. « Il aurait quand même pu garder ça pour toi, il n'avait pas besoin de cet argent ! » De par sa présence et sa constance, Parrain a grandement contribué à me structurer. Quoi de plus important que l'amour, la présence, l'écoute et la constance comme ciment familial ?

Mon parrain, malgré la distance imposée par mon père après ce fameux divorce, lui vouait une véritable adoration et cela jusqu'à son dernier jour.

Il était quelqu'un de fidèle et d'absolument pas rancunier.

Je me souviens qu'après la mort de sa mère, il quitta Aix-en-Provence, décidant de confier ses meubles, pour la plupart de valeur, à un « ami » dont je tairai le nom.

Le jour où il décida de le récupérer, l'autre les avait vendus. Cet été-là, nous étions à Saint-Tropez chez Jacqueline et Christian Cormier, des amis de

Parrain, et Christian, qui comme moi avait le sang chaud, réagit vivement lorsqu'il nous raconta l'histoire. Nous étions furieux après ce type. Notre colère amusait Parrain qui nous dit, en souriant, ce qui nous agaça davantage :

« Ne vous énervez pas comme ça, c'est ridicule, vous me faites rire, s'il les a vendus c'est qu'il avait besoin de cet argent, ce n'est que du matériel, on s'en fiche.

– Parrain, c'est une question de principe, c'est ton ami dis-je.

– Oui un ami de cinquante ans, qu'importe, s'il le peut il me remboursera un jour. »

Christian et moi étions abasourdis et en même temps admiratifs de cette compassion qui n'était absolument pas feinte, mais que nous qualifiions de « connerie compassionnelle ».

23 janvier 2007, le jour de la première de *Sur la route de Madison*, au Théâtre Marigny, avec mon père et Mireille dans les premiers rôles, nous étions assis au deuxième rang. La représentation terminée, nous sommes allés les saluer. En me voyant, mon père s'est précipité sur moi, me disant confiant : « Alors ? » Après ma réponse, anxieux il me dit : « Et Georges ? »

Il savait.

Parrain s'est approché. Mon père lui lança un :

« Alors pépère ! ?

– Vois-tu Alain, te voir jouer cette pièce, c'est un peu comme écouter Arthur Rubinstein jouer

Au clair de la lune avec deux doigts… » Delon n'a pas bronché.

Dans l'histoire, il était Rubinstein endormi, en revanche l'adaptation et la performance étaient loin d'être à la hauteur. Parrain n'en dit pas davantage, quant à mon père, il ne tenta même pas d'argumenter.

J'ai 6 ans, ce mercredi matin, troisième jour de rentrée scolaire, je descends les escaliers du quai Malaquais avec fierté, la main « soudée » à celle de Parrain. Comme tous les mardis soir, j'ai dormi dans son minuscule appartement, « sa cellule » et immanquablement il a été obligé de me raconter son duel, sa guerre chez les commandos de France et son évasion d'Allemagne où il était retenu prisonnier, tout ça pour aller rencontrer Jean Cocteau. Instant mémorable : Parrain sonne à la porte de Cocteau qu'il ne connaissait pas, celui-ci ouvre en peignoir, un blaireau à la main, le visage couvert de mousse.

« Bonjour, je m'appelle Georges Beaume et j'ai fait 2 500 kilomètres pour vous voir.

– Entrez, je vous attendais » répond Cocteau. À cet instant naissait une longue et belle amitié. C'est ce jour-là qu'il rencontra également Jean Marais, qui vivait avec Cocteau et avec qui il s'engagera plus tard dans les commandos de France pour libérer Paris.

C'est aussi quelques heures après la Libération que Parrain fut le dernier homme connu à se battre en duel au pistolet. Gaston Defferre (maire de

Marseille jusqu'à sa mort en 1986) sera, lui, gratifié du dernier duel à l'épée : des hommes d'honneur.

Je me sens bien quand je dors sur ce petit canapé face à la cheminée tout près de lui.

J'ai besoin de cette présence paternelle qui me sécurise et me donne le sentiment d'avoir un toit au-dessus de la tête. Parrain a contribué à me structurer, avec Loulou ils ont été mes murs porteurs, mes repères. Il m'a montré qu'on pouvait vivre sans peurs, confiant et optimiste, car « à quoi bon… ». Je pense que c'était une vieille âme, envoyée là pour me protéger. Aujourd'hui, j'essaie de faire de même avec mes filles.

Soudain, entre deux marches, je m'arrête et le regarde intensément : « Parrain, tu vois, ce matin je vais à l'école sans aucune espèce de plaisir. » Devant mon envolée littéraire, son regard s'illumina : il avait en face de lui un nouveau Victor Hugo, ça ne faisait aucun doute. Jusqu'à la fin de ses jours, régulièrement, il racontera cette anecdote, même s'il avait compris entre-temps que je ne serais jamais ce dernier.

Nous sommes montés dans sa voiture direction l'école bilingue du parc Monceau. À midi il viendrait me chercher pour m'emmener déjeuner dans ce petit restaurant de la rue Bonaparte, où je pourrais commander des escargots et un grand verre de lait froid pour les accompagner, puis nous irions au cinéma de l'avenue de la Grande-Armée, voir *Le Livre de la jungle* pour la troisième fois consécutive.

Mes parents ont divorcé en 1968.

Tout de suite après, je suis parti m'installer rue de Sèvres, en plein Quartier latin, avec ma mère et Loulou. Mon père, lui, est resté vivre rive droite, ce qui à cette époque était lourd de sens. Ma mère, qui avait traîné ses jeans sur les barricades, parlait gentiment de lui et de ses amis comme des fachos. Je dis gentiment car, sauf cas extrême, je ne l'ai jamais entendue parler méchamment de mon père, ce qui des décennies plus tard avait parfois le don de m'énerver.

Elle l'a toujours aimé, de cet amour profond qui façonne les êtres, et lui trouvait sans cesse des circonstances atténuantes. Je pense que parfois elle culpabilisait d'avoir été absente dans des périodes compliquées, ou des heurts qu'il a pu y avoir entre nous, et que du coup elle minimisait aussi certains de ses « dérapages » car au fond, elle s'en voulait de n'avoir pu amortir les chocs, prendre ma défense en somme.

C'est aussi en 68 qu'eut lieu une affaire d'État, l'affaire dite « Markovic ». Je n'ai aucune connaissance de ce dossier, mais un événement me marqua.

Comme toujours le vendredi, ma mère venait me chercher à la sortie de l'école accompagnée de Loulou, pour nous rendre à Tancrou. Ce jour-là, sans doute parce que le frigidaire était vide, il nous fallut changer d'itinéraire pour aller faire des courses. Nous étions quai du Louvre, face à la gare d'Orsay, juste avant le tunnel, quand une roue de la voiture vraisemblablement dévissée se détacha. Je ne me rendis pas compte de ce qui se passait, mais subitement, après une forte secousse, nous fûmes immobilisés au milieu de la chaussée en pleine circulation.

Sans le détour pour les courses, nous aurions été lancés à pleine vitesse sur l'autoroute…

Plus tard, on me raconta une déclaration publique que fit mon père et qui était directement liée à cet incident. « Si vous devez vous en prendre à quelqu'un, prenez-vous en à moi, je suis un homme, mais ne touchez pas à ma famille. » Je pense que ce jour-là il eut très peur.

Mon père dit un jour : « Un enfant qui fait des conneries est un enfant malheureux. » Il parlait de moi naturellement, mais aussi de lui-même, il en fit quelques-unes… Mis en nourrice à l'âge de 4 ans, quand ses parents divorcèrent, le petit Alain fut récupéré à 12 ans par sa mère et son beau-père M. Boulogne. Turbulent, il fut rapidement envoyé en pension, « parce que je dérangeais » disait-il. Du coup, à 17 ans, il voulut « se tirer » et s'engager dans l'armée pour partir en Indochine vivre sa vie. Mineur, il avait besoin de l'autorisation parentale. C'est sans hésiter qu'Édith, sa mère, et Fabien, son père, signèrent la décharge. « Normal pour mon père de toute façon il n'en avait rien à foutre… » Mais pas pour une mère. C'est la voix du silence, lourd de sens, de cette phrase restée en suspens : l'instinct maternel étant resté aveugle…

Il était heureux de pouvoir partir, mais détruit par cette mère qui l'avait abandonné, laissé mourir qui sait… il lui en voudra toute sa vie. Un désamour dont il ne se remettra jamais et qui aura un très fort impact sur ses rapports avec les autres dans le futur.

Jean-Pierre Melville a dit de lui dans une interview qu'il était sadique et masochiste, probablement en référence à cette gifle magistrale balancée par ma mère devant toute l'équipe du *Samouraï* lors du dernier jour de tournage, mais pas que…

C'était son premier film, et du premier au dernier jour mon père n'a cessé de la tyranniser, de l'humilier. Cela débuta à la cantine, où elle vint tout naturellement s'asseoir à la table « mise en scène » avec lui, François Périer, Melville et mon parrain, et où, devant tout le monde, il lui dit sèchement : « Qu'est-ce que tu viens faire ici ? Les débutants c'est là-bas. » (Pour ceux qui ne connaissent pas le cinéma, il n'y a pas de table réservée aux débutants, ça n'existe pas.)

Durant le tournage, il ne la regardait pas quand elle jouait ses gros plans et usait de tout un tas de petites astuces pour la déstabiliser. Dans son livre *Pleure pas, c'est pas grave*, elle raconte que cela continuait même le soir, en rentrant à la maison.

Ce fut le début de la fin, ils se séparèrent dans les mois qui suivirent, leurs rapports n'étant déjà plus au beau fixe, car selon ma mère, toujours dans son livre, elle apprit peu de temps après qu'il la trompait à bride abattue depuis des lustres.

Elle décida de le quitter sans rien demander, j'insiste sur ce point, car elle aurait pu engager une procédure pour récupérer une partie de sa fortune, mais ce n'est pas ma mère, elle n'a jamais calculé à ce niveau, et puis elle a toujours considéré que la liberté n'avait pas de prix, et elle était un « être libre ».

Nous avons donc quitté l'avenue de Messine dans le 8e arrondissement pour la rue de Sèvres, en plein Quartier latin. J'allais toujours à l'école bilingue du parc Monceau, c'est donc Loulou qui m'accompagnait le matin, jusqu'à mes 8 ans, car après je prenais le bus tout seul.

Je pense que la ville était moins dangereuse à l'époque qu'aujourd'hui, sinon ils ne m'auraient jamais donné cette liberté. Je me souviens qu'un jour, j'ai été suivi dans la rue par un pervers, je sentais ses yeux me transpercer. À un moment j'ai changé de trottoir, tentant de mettre de la distance entre nous, mais il continuait à me regarder d'en face et à me suivre. Son regard était si puissant qu'il me mettait mal à l'aise, j'avais le sentiment d'être sali. Cela m'a marqué pendant des années, je n'en ai jamais parlé, je ne sais pourquoi j'ai enfoui ça dans un coin de ma tête, comme beaucoup d'autres choses, qui malheureusement, un beau matin, m'ont « pété » au visage.

Je n'ai jamais rencontré mon grand-père paternel.

Jusque dans les années 2000, je pensais qu'il était mort quand j'étais petit.

Un jour au restaurant, c'est sorti, je demandai à mon père à quel âge était mort grand-père, il me répondit : « En 77. » L'année claqua dans ma tête, j'avais 13 ans.

« Mais j'aurais pu le connaître !

– Oui, ben ça ne s'est pas fait, il s'en foutait… »

Je fus envahi par un sentiment étrange, un mélange de frustration et de tristesse, j'aurais aimé connaître cet homme à l'époque, mais personne n'a osé, il me semble, entreprendre la démarche de nous rapprocher.

Édith, ma grand-mère, n'avait pas le droit de me voir non plus, on ne me donna pas d'explication, ce n'est que des années plus tard que je compris. La raison me semble justifiée, encore aujourd'hui. Elle m'envoyait chez ma mère, pour Noël et mes anniversaires, des lettres remplies de pétales de rose accompagnées de petits cadeaux. Ma mère avait malgré tout gardé un minimum de contact avec elle, prenant soin de ne « pas trahir Alain », mais en restant en accord avec sa conscience. L'année de mes 14 ans, alors que j'étais à l'institut Charlemagne, il arrivait à ma grand-mère de venir m'embrasser en cachette à la sortie et de me donner un petit billet.

Ça me faisait de la peine, mais, élevé dans une sorte d'omerta à laquelle je participais puisque je ne posais de questions à personne, y compris à moi-même, l'absence de grand-mère passait sous silence.

J'avais 10 ans quand ma mère décida qu'il était temps pour moi d'aller en pension. Mon père, quoique ayant vécu la même expérience traumatisante pour lui (il en parlera dans de nombreuses interviews), ne s'y opposa pas. J'étais soit-disant associable et la vie en communauté me ferait du bien, il était urgent de me « décrocher » des jupons de Loulou qui m'élevait seule, puisque ma mère n'était jamais à la maison, souvent en tournage à l'étranger ou en province. Quand elle était à Paris, c'était la fête à la maison et par conséquent, je n'étais pas concentré sur ce qui devait être ma priorité, les études.

Je pense que la réalité était tout autre. Tout d'abord, ma mère était irritée de mes rapports avec Loulou, et comme elle avait une vie disons, un peu particulière, faite de fêtes et de sorties dans les boîtes de nuit se terminant à l'aube, ma présence de toute évidence devait gêner. Je me souviens de ces matins où je me levais pour aller à l'école, et où, dans le salon, je devais contourner des gens endormis par terre, pour certains dans leur vomi.

Loulou essayait par tous les moyens de me cacher le spectacle, mais bien évidemment, poussé par ma curiosité d'enfant, je voulais absolument voir et comprendre ce qui se passait.

« Qu'est-ce qu'ils font là ? Mais où est maman ?

– Elle dort dans sa chambre.

– Avec qui ?

– Toute seule voyons ! »

Je me souviens que mon pote Manu avait un peu la même vie que moi, mais pour une raison que j'ignore, il était beaucoup plus tolérant, ou passif…

C'est vrai que son père, quoique séparé de Dani, sans vraiment l'être, était beaucoup plus présent.

Comme je l'ai dit précédemment, Loulou était avec mon parrain le pilier de ma vie. J'emploie le terme pilier car c'était pour moi un véritable élément stabilisateur. C'était une femme au grand cœur avec des vraies valeurs, simples, dotée d'une intelligence pleine de bon sens, qualité en voie de disparition de nos jours. À force de trop réfléchir on en oublie l'essentiel, la meilleure voie étant toujours la plus directe.

Souvent dans ma vie, au gré des rencontres, les gens me disent : « C'est bizarre je ne te voyais pas comme ça, de l'extérieur j'imaginais que de là d'où tu viens tu serais différent. » En décodé, ça veut dire avec ton nom et ton milieu, le « showbiz ». J'ai horreur de ce mot, pourtant il définit bien notre univers. Je me suis souvent senti décalé, c'est sans doute pour cela qu'à part Mathilde Seigner mes vrais amis sont d'horizons totalement différents. Je déteste les ronds de jambe et j'aime les gens dont les valeurs sont ancrées dans la réalité, ce qui n'empêche pas l'originalité ou la singularité, mais j'aime qu'au fond l'essentiel soit porté par ce qui pour moi est fondamental, le respect, le sens de la parole donnée et la famille. Cette citation de Saint-Exupéry définit bien, je trouve, ce à quoi je me réfère : « Un cerf-volant bien arrimé peut affronter n'importe quel temps. » Il peut tomber, mais redécollera et restera toujours ancré.

Avec le recul, à 56 ans, je sais qu'ils ont rempli leur mission. La mère de Loulou était sicilienne et son père allemand, elle grandit à Moyeuvre-Grande, une petite ville de l'est de la France, où la plupart des hommes étaient mineurs ou travaillaient dans des usines de métallurgie. Mariée assez jeune avec le « père Deprez », déportée durant la Seconde Guerre mondiale avec sa fille comme beaucoup d'Alsaciens, qui à l'époque étaient considérés comme des mauvais Allemands, enfermés dans des camps avec les Polonais et les Tziganes, ce qui pour elle, mais surtout pour sa fille Jocelyn qui l'accompagnait, fut une période extrêmement traumatisante. La petite ne s'en est jamais vraiment remise, elle avait 5 ans.

Loulou parlait peu de la guerre, je sentais que c'était quelque chose de douloureux pour elle. Elle m'a juste raconté leur évasion du camp où elle était prisonnière et où elles avaient été aidées par un homme « si gentil, qui est mort le pauvre » sous les balles d'un chasseur de l'aviation allemande en tentant de les mettre à l'abri.

C'est à la fin des années 50 qu'elle décida de divorcer pour venir travailler à Paris, ce qui jadis était très mal vu : une autre femme libre dans ma vie… Répondant à une annonce dans le journal, elle fut embauchée chez les Barclay, Eddy le producteur de disques. Je pense que c'est comme cela que mes parents l'ont recrutée, mon père connaissant Eddy de Saint-Tropez.

Loulou est arrivée dans notre famille peu avant ma naissance, pour ne repartir chez elle dans la région de Metz que vers mes 30 ans, quand j'ai rencontré la mère de mes enfants et que nous nous sommes installés, considérant ce jour-là que sa présence à mes côtés n'était plus indispensable. Jusqu'alors, elle habitait dans un deux-pièces de la rue du Petit-Pont, dans le 5e arrondissement de Paris, sur le même palier que ma mère dont elle continuait à s'occuper lorsqu'elle venait en France. Il m'arrivait souvent de délaisser mon appartement pour venir manger ou même dormir chez elle, tant je m'y sentais bien.

Loulou était comme une deuxième mère, d'ailleurs j'ai dans ma vie passé plus de temps avec elle que mes deux parents réunis, dans ma petite enfance, puis après le divorce quand nous sommes partis, ma mère travaillant régulièrement, la plupart du temps hors de Paris ou à l'étranger. Rien ne remplace vraiment la présence maternelle et chaque départ de tournage était pour moi un déchirement. Les premières quarante-huit heures, la maison devenait silencieuse et glacée, même la présence rassurante de Loulou n'y changeait rien, puis je m'habituais. On s'habitue à tout finalement, même à cette solitude qui nous glace le cœur.

De là est venue cette promesse que je me suis faite : si un jour je devenais acteur, j'emmènerais mes enfants avec moi et ne partirais jamais loin sans eux. Je ne voulais pas leur imposer le manque. J'ai quitté la maison pour vivre ma vie à l'âge de 17 ans, mais jusqu'à son départ, Loulou a toujours gardé un œil sur moi. À l'époque j'avais la bougeotte, je déménageais constamment, une habitude tenace puisque ce n'est que depuis mes 50 ans que je ressens le besoin de me sédentariser. À 25 ans je voulais vivre dans une caravane, libre de me déplacer où et quand bon me semblerait ; je garde encore aujourd'hui cet attrait pour la vie de nomade, mais de façon plus modérée. Il est possible que cet aspect de ma personnalité réside depuis des générations dans ma mémoire cellulaire, car d'après Louisette, la sœur de ma mère, intéressée par la généalogie, nous aurions des origines gitanes.

Je dirais de manière plus rationnelle que l'instabilité dans laquelle j'ai grandi a fait que je ne me sentais bien nulle part. La famille et la maison sont des lieux sacrés et selon moi, l'enracinement s'inculque. Si la maison est un lieu rassurant et synonyme de stabilité, il est fort à parier que plus tard, l'enfant devenu adulte recréera ce lieu de manière plus naturelle. Il achètera, investira dans la pierre et la stabilité, contrairement à moi qui n'ai jamais rien possédé de ma vie, ce que je regrette amèrement aujourd'hui.

À chaque nouveau logement, Loulou insistait pour venir nettoyer chaque pièce de fond en comble, accompagnée de Philomène, la femme de ménage de ma mère, afin que mes meubles soient posés dans un endroit propre. Tout refus de ma part eût été inacceptable.

Un jour elle fit une chose qui ne me surprit pas, mais força mon admiration à jamais.

Lorsque à 25 ans, après une série de films au jeu approximatif, je décidai de partir à Los Angeles pour y suivre des cours de comédie, je reçus, quelques semaines après mon arrivée, un coup de téléphone de Loulou qui m'annonça vouloir me rendre visite. « Je veux voir comment tu es installé. » Je tentai de l'en dissuader, non pas que ça me dérangeât, bien au contraire, mais faire le voyage pour une semaine me semblait un peu excessif.

On aurait pu organiser des vacances ultérieurement pour qu'elle prenne son temps, ne serait-ce que pour récupérer du décalage. C'était sans appel. Elle fit faire son passeport et prit l'avion. Je suis venu la chercher à l'aéroport de LAX avec la superbe Cadillac décapotable des années 70 blanche, intérieur cuir noir que Chris Blackwell, mon beau-père à l'époque, avait laissée pour moi. Elle était heureuse ma Loulou, la mise en pli au vent avec ses petites lunettes, pas même de décalage horaire, c'était un roc.

À peine arrivée à la maison, elle fonça à la cuisine pour ouvrir le frigidaire puis les placards :

« On va faire des courses !

– Tout de suite, tu n'es pas fatiguée ! ?

– Non, maintenant. »

Et nous voilà parti au Ralph de La Brea boulevard, pour rentrer à la maison le coffre plein de deux caddies, de quoi tenir un siège.

Elle était horrifiée par mon mode de vie et cette maison totalement vide, où seules les deux chambres à coucher du premier étage avec salle de bains étaient aménagées. Je mangeais dans la cuisine sur des hauts tabourets de comptoir, quant au salon, pour l'instant je n'avais eu que le temps de parer au plus urgent, acheter un billard et un canapé trois places. Plus tard, j'y mettrais une table ronde en verre avec des chaises et un fauteuil. Le reste de l'immense pièce me servirait de garage pour y ranger ma moto, une Harley Davidson 1340 Softail, que je considérais comme un élément indispensable de décoration, le vrai garage étant devenu une salle de boxe.

« Comment peux-tu vivre dans un endroit pareil ! ?

– Mais, regarde la vue ! » dis-je.

Effectivement, j'étais au bout du chemin de Sunset View Drive et, de la terrasse, j'avais une vue imprenable à 200 degrés sur la cité des anges. Elle scruta l'horizon et me dit : « Oui, c'est beau… mais ce n'est pas tout, il faut que tu trouves un travail maintenant. »

Loulou, c'était le bon sens incarné, toute sa vie, les premières questions qu'elle me posait au téléphone c'était : « Tu vas bien ? Tu as du travail ? » Je raconte cette anecdote car pour moi la démarche de cette femme de 76 ans, ne parlant pas un mot d'anglais, souffrant de problèmes de santé était un exploit, une véritable déclaration d'amour, un don de soi.

À 10 ans, je me suis donc retrouvé en pension, il fallait m'éloigner, me mettre au vert. Le Montcel se situait dans la vallée de Chevreuse, dans un grand parc de 25 hectares. Après avoir passé les grilles, en haut d'une petite colline au bout d'une route goudronnée droite comme la justice, entourée de pelouses à l'anglaise, se trouvait le château, grand bâtiment de deux étages aux fenêtres imposantes, qui comme son nom l'indique devait être une construction bourgeoise du XIXe. Quelques classes s'y trouvaient, mais le bâtiment était surtout attaché à recevoir les bureaux de la direction, le réfectoire et les dortoirs, la pension acceptant également les externes qui eux avaient la chance de regagner leur domicile le soir venu.

Les salles de classe se trouvaient à l'est du château, en contrebas, et se présentaient sous forme de petites dépendances qui par le passé, j'imagine, accueillaient les animaux, les réserves de nourriture et sans doute le personnel. En bordure côté ouest, il y avait un terrain mixte, football et rugby, et plus haut, entouré de grilles, un terrain en mâchefer équipé de cages de buts pour jouer au handball.

Les bois où nous faisions notre footing le matin se trouvaient tout autour et principalement derrière le château, au nord. En écrivant ces lignes, je repense à la série *The Crown* que j'ai adorée, où dans un épisode l'on revient sur la jeunesse du prince Philippe et cette pension qui lui forgea un caractère d'acier, ainsi que le sens du respect de soi et de la discipline, et dans laquelle atterrit quatre décennies plus tard le prince Charles qui, trop mou de toute évidence, fut marqué à vie par ce lieu, source de discorde entre la reine Élisabeth et le duc d'Edimbourg.

Le premier mois fut dur, 10 ans c'est un peu jeune.

La première semaine dans mon dortoir de vingt lits je pleurais Loulou tous les soirs, ce fut un déchirement. C'est là, au cours de cette première année, que j'ai commencé à me forger une carapace pour ne plus ressentir la douleur. C'est aussi là, qu'en tant que « bleu » on me fit ma première « bite au dentifrice ». Le soir, quand nous étions couchés, les deux aspirants aidés par quelques anciens, se jetaient sur le nouveau tranquillement endormi dans son lit afin de lui faire subir le bizutage. Le genre de tradition qui ne pourrait plus exister aujourd'hui. Le directeur serait obligé de démissionner sur-le-champ et les auteurs poursuivis et marqués au fer rouge par toutes sortes de hashtags.

C'est aussi là que j'appris le sport, chaque matin, hiver comme été. Au son d'une sirène, nous nous levions à 7 h 20 pour nous mettre au garde-à-vous sur le perron avant de partir pour un footing obligatoire. À 10 ans, en dessous de zéro l'hiver, quand le corps est encore chaud et les yeux pleins de sommeil, le sang circule, ça forge le mental.

C'est aussi là que j'ai commencé à prendre des coups par les grands, à subir une autorité à laquelle j'allais vite devenir réfractaire. Le soir, nous étions gardés par des aspirants et des capitaines, qui avaient entre 14 et 17 ans suivant leur grade. Quand nous faisions un peu de raffut dans le dortoir, ils nous emmenaient au hasard dans leurs chambres pour des séances de redressement un peu particulières : soit ils nous mettaient à genoux sur des règles en fer carrées, soit les bras en croix avec un dictionnaire dans chaque main jusqu'à épuisement.

Là, ils nous forçaient à mettre une gifle au premier qui craquait et laissait tomber le Larousse. Ces punitions étaient courantes à l'époque, le pire c'est qu'on trouvait cela normal, personne ne disait rien. Un jour un capitaine me gifla. Malheureusement pour lui il était aussi ceinture – marron – de karaté. Je n'étais pas d'accord, on m'avait toujours dit : « Quand tu fais des arts martiaux, c'est pour te défendre, c'est comme une arme... » Je devais en parler.

Ma mère sortait alors avec Francis Didier, capitaine de l'équipe de France de karaté justement, et double champion du monde par équipe, une légende. Le lundi suivant, il m'accompagna à l'école rendre visite au capitaine.

D'abord son visage quand il a vu Francis, puis sa pâleur quand il lui a parlé... L'homme est un animal, c'est la loi du plus fort qui prime toujours, c'est aussi une des leçons de mon père que je ne suis pas près d'oublier.

La deuxième année fut une formalité, je connaissais tous les recoins du parc, toutes les planques et surtout mon pote Manu était venu me rejoindre. Tout compte fait, je garde des bons souvenirs de cette pension, vivre dans un parc de 20 hectares m'a rapproché de la nature. Il y avait le rugby que j'aimais, et surtout le handball. Je jouais en poussin, nous disputions à l'époque la coupe des Yvelines où nous avons terminé deuxièmes du championnat, entraînés par un prof de gym roumain, réfugié politique.

Tout allait bien donc, jusqu'à ce jour, j'avais 11 ans, où le directeur me priva de pique-nique pour une bêtise dont je n'étais pas responsable. Révolté, je décidai de m'enfuir et de rentrer chez moi à Paris, à pied. Le coup de tête me valut une bonne suée et six heures sous un soleil de plomb. Au bout de 28 kilomètres de randonnée entre Jouy-en-Josas dans la vallée de Chevreuse et Paris sur la voie rapide, à contresens pour ne pas me faire attraper, en arrivant porte d'Orléans j'avais tellement soif que je suis rentré dans le premier bar venu. Je me souviens encore de l'odeur des chiottes à la turque et du lavabo crasseux ou je me suis désaltéré avec la même délectation qu'à une de ces petites fontaines de pierre où j'aime boire aujourd'hui et qui peuplent le quartier de Monteverde Vecchio à Rome. Seulement l'eau n'était pas fraîche et douce comme en haut de la colline, mais tiède, au goût calcaire et javellisé. Qu'importe, j'avais repris des forces et pouvais continuer mon périple. À l'époque, je vivais dans le quartier des Invalides, rue Fabert précisément. C'est en arrivant devant la maison que j'ai soudain pris conscience de mon acte, tout le monde me cherchait, c'était certain.

J'ai ce trait de caractère en commun avec ma mère : on fonce et on voit après, même si les coups font mal ce n'est pas grave, on aura toujours la force de se relever. Je ne savais pas ce jour-là qui serait à la maison ; si c'était ma mère, je prendrais certainement une raclée.

Je me souviens encore de celle reçue lorsqu'à 7 ans, au lieu d'aller à mon cours de piano chez Mme Aldendorf, j'étais parti jouer aux billes avec des copains au parc Monceau et que, prévenue de mon absence, morte d'inquiétude, ne voulant absolument pas appeler mon père de peur qu'il ne déclenche le « plan Épervier » et que cela ne prenne des proportions trop importantes, ma mère attendait avec anxiété mon retour.

Je me souviens avoir levé la tête vers la fenêtre et l'avoir aperçue en col roulé noir, scrutant la rue, son visage étrangement tiré. J'avais tout bonnement oublié le piano et rentrais cartable sur le dos, l'esprit léger. Son regard souleva en moi une légère inquiétude, ce sixième sens qui vous murmure « il se passe quelque chose là… ».

La déferlante fut terrible !

En arrivant du Montcel ce jour-là, je me suis dit qu'il serait bien de faire « pitié ».

Des travaux étaient en cours sur l'esplanade des Invalides qui, à l'époque, était encore un terrain vague pour garer les voitures et j'eus l'idée de me frotter les trapèzes jusqu'au sang, à l'aide d'une corde tendue.

Quand Loulou m'ouvrit la porte, les écorchures firent immédiatement leur effet : je racontais mon histoire et eu droit à un faux-filet pommes de terre salade comme je les aimais tant.

Mon père n'étant pas au courant, je respirais…

Le soir, j'expliquais à ma mère les raisons qui m'avaient poussé à la fugue. Contre toute attente elle comprit ma réaction, mais ne minimisa pas les risques que j'avais pris, en m'expliquant ce qui pouvait arriver à un petit garçon fuguant seul sur une route.

En septembre, je ferai ma rentrée dans le public, à Saint-Benoît.

Cet été-là, en juillet, on m'envoya en Angleterre, à Basingstoke, dans une famille pour apprendre l'anglais et le tennis. Je ne sais pas qui eut la brillante idée de m'y envoyer deux semaines, mais je m'en serais bien passé, quelle drôle d'impression que de me retrouver chez des inconnus qui de plus ne parlent pas ma langue. Je n'en garde aucun souvenir tant mon ennui fut profond. L'année suivante, ma mère récidiva, mais cette fois-ci avec le pauvre Manu, mon éternel deuxième de cordée. Le séjour fut de courte durée, quatre jours.

J'eus la brillante idée de nous acheter des lance-pierres équipés de billes d'acier, afin de tirer un peu tout ce qui nous passait par la tête. La première et unique cible fut un panneau publicitaire face au poste de police du quartier où nous nous trouvions. Acte manqué ou pas ? Dans la minute qui suivit nous étions embarqués *manu militari* par deux « bobbies » et le lendemain dans l'avion pour Paris.

Ma mère vint nous chercher avec son ami David Wilmer, un écrivain californien qui se fit passer pour un professeur d'anglais. Il nous donnerait des cours pendant les quinze prochains jours à Douchy, où mon père nous attendait de pied ferme. Manu et moi sommes soudain devenus livides, on n'entendait plus une mouche voler, du coin de l'œil j'apercevais ses petites lèvres qui commençaient à trembloter doucement. La comédie dura jusqu'au soir, histoire de nous faire regretter d'avoir gâché les vacances de nos mères. Au coucher, on nous apprit que c'était une blague, ou plutôt une option à laquelle elles avaient pensé mais qui se révélait être un peu trop stricte.

Dès mon retour d'Angleterre, comme l'année précédente, je partis en vacances chez Louisette et Pierre qui vivaient dans le quartier de Sainte-Marguerite, à Nice. C'était pour moi le meilleur moment de l'année, pas seulement pour les vacances où nous faisions les 400 coups, qui parfois avec les gosses des environs prenaient un air de « guerre des boutons », mais aussi parce que j'intégrais ce que je considérais comme la « vraie » vie de famille.

Louisette était femme au foyer, Pierre, son mari, était ingénieur de formation et travaillait à la tour de contrôle de l'aéroport de Nice. Quand j'arrivais, il venait me chercher à ma descente d'avion, ce qui me faisait me sentir un peu spécial, nous allions récupérer ma valise en priorité sur le tarmac et il m'emmenait à la maison avec sa voiture, une Simca 1000 qu'il conduisait de sa grosse main gauche posée sur le klaxon au milieu du volant.

Pierre avait une carrure imposante, jadis, au Maroc, il avait été gymnaste.

Tous deux étaient très spirituels. Pierre finit sa vie comme alchimiste, faisant des expériences scientifiques dans un laboratoire qu'il construisit au fond de son jardin en Bretagne, où il fut terrassé par une forme de cancer rarissime, paraît-il lié à ses travaux.

À Nice, ils vivaient dans une petite maison dont la salle de bains et le garage avaient été creusés dans la roche à la pioche par Pierre pour en agrandir sa surface, une « maison de poupée » tant sa taille était réduite. Elle était située dans une grande côte qui grimpait sur la colline de Sainte-Marguerite pour finir en impasse dans un champ d'arbres fruitiers, celui de M. Maccario, un voisin, qui quand il n'en pouvait plus de nous voir dans ses champs voler ses fruits, tirait en l'air à la grenaille pour nous faire détaler.

Quand Maccario descendait de chez lui avec sa vieille Daff, il arrivait que tous les gosses du quartier, pour se venger, courent autour de sa voiture frappant sur la tôle en criant : « Macaque au volant, c'est la mort au tournant !! » Pour se débarrasser de nous, il mettait des grands coups de freins ou faisait mine de sortir prêt à en découdre.

Le coin était peu construit à l'époque, il y avait sur la colline beaucoup d'espaces verts et des zones en friches, un terrain de jeu idéal pour nous autres.

En bas du chemin, il y avait sur la gauche, à flanc de colline, un petit bois où nous construisions des cabanes. Sur la droite, de l'autre côté du chemin, un grand terrain vague où nous allions regarder les grands faire des exploits sur leurs mobylettes.

Le chemin de Sainte-Marguerite, très pentu, nous servait également de piste d'essai pour les carrioles que nous construisions avec des planches et des patins à roulettes de récupération. Face à notre maison se trouvait un petit parking non goudronné, en terre, où nous nous arrêtions dans un grand nuage de poussière après avoir commencé à freiner sur la route avec les deux bouts de manche à balai coupés et cloués à cet effet de part et d'autre de notre machine.

Il nous arrivait de faire la course avec les gosses du coin et de rater la zone d'arrêt (le parking), ce qui pouvait être fatal, la pente aboutissant sur une départementale où les voitures roulaient à vive allure.

Je dormais avec Michel, l'aîné, et Jean-Marc, qui partageaient un lit à deux étages, tandis que le mien, lit d'appoint, était posé tout contre la fenêtre. Patricia, ma cousine, dormait face à notre chambre, de l'autre côté de l'entrée. J'aimais cette proximité et ces êtres, je me sentais bien, j'appartenais à une famille, je me sentais plus fort.

La journée, nous allions à la plage du Cros-de-Cagnes, tous les quatre avec la petite Fiat 500 blanche de Louisette. C'était une véritable expédition, nous entassions serviettes, nourriture, parasol, kayaks gonflables, paires de palmes, masques et tubas.

Une année, je me souviens que Loulou m'avait accompagné quelques jours, ce qui nous amenait à être six dans la voiture. Je ne sais comment nous arrivions à nous entasser, serrés comme des sardines mais heureux. Nous étions les terreurs de la plage, soudés comme les doigts de la main, avec tout de même « un joker » : Michel, de trois ans mon aîné et des muscles à revendre. Nous posions tout notre barda sur les galets devant le vendeur de pan bagnat et le petit manège. Il fallait arriver tôt afin d'être le plus près possible de l'eau, puis nous gonflions les kayaks et la journée pouvait alors commencer.

Nous arpentions notre périmètre en attaquant toutes les embarcations qui y pénétraient, matelas, bouées, bateaux gonflables, tout ! Nous semions la terreur, alors parfois des parents venaient se plaindre à Louisette qui nous calmait un peu ou nous envoyait faire un tour, nous confisquant les kayaks trente minutes pour faire bonne figure.

Notre autre occupation était la pêche aux gobies, ce petit poisson typique de Méditerranée qui vit dans les rochers : nous les attrapions à coups d'épuisette ou à l'hameçon pour les relâcher ensuite. Si nous étions sages, nous avions droit à un tour de manège ou à une glace, mais pas tous les jours, cela coûtait cher, le portefeuille de ma tante étant limité.

L'après-midi, nous allions nous promener au port du Cros-de-Cagnes pour voir le petit singe qui vivait sur un voilier de plaisance et que nous avions rendu agressif à force de lui envoyer des boulettes de papier. Un jour qu'il n'était pas attaché, il avait sauté sur le quai pour nous poursuivre. Nous avons détalé comme des lapins, et d'après Patricia, ce jour-là il m'avait même pincé. Quand nous revenions de la plage nous étions morts de fatigue.

« Enfin le calme à la maison » disait Louisette. Mais la journée ne s'arrêtait pas là, nous devions arroser la petite courette ainsi que les rosiers et toutes les plantes. Nous faisions ça par groupes de deux : l'un arrosait, l'autre balayait la terre et les saletés que le vent avait apportées dans la journée. Puis nous devions mettre la table pour six, et là seulement, nous étions libres de nous reposer avant le dîner. En général, nous nous mettions devant la petite télé du salon sur les canapés bleus pour regarder nos séries : David Vincent et *Les Envahisseurs*, *Le Saint*, *Amicalement vôtre* et *Les Mystères de l'Ouest*. J'adorais particulièrement la série avec

Steve McQueen, *Au nom de la loi*, où il jouait Josh Randall.

Le soir au dîner, c'était un peu selon l'humeur de Pierre, mon oncle. Il pouvait parfois être un peu soupe au lait, et là, les mouches volaient, mais généralement, à part quelques commentaires sur « les cons » qui peuplent notre planète ou les environs, tout se passait bien. J'aimais beaucoup Pierre, il était un peu dur avec ses enfants, c'est vrai, il n'avait pas eu une vie facile, mais avec moi il était plus tolérant.

Après quelques étés passés en leur compagnie, l'année de mes 13 ans, j'eus envie de vivre avec eux. Durant l'été, j'en avais parlé à Louisette et à Pierre, qui n'y voyaient pas d'inconvénient, les cousins étant eux plus qu'heureux. Je voulais commencer la rentrée scolaire à Nice, j'en parlais à ma mère, mais la discussion fut de courte durée et le refus catégorique.

Après deux ans passés à la pension du Montcel à Jouy-en-Josas, une fugue et un été en pente douce, je fis mon entrée dans l'école publique, à Paris, rue Saint-Benoît.

Il est midi, c'est la récréation et depuis ce matin dans la petite école c'est le branle-bas de combat, une grande agitation règne, la nouvelle s'est répandue comme une traînée de poudre : le fils d'Alain Delon est dans les murs.

J'ai presque 12 ans et ce jour-là, je vais pour la première fois souffrir d'être le fils Delon. Auparavant, il m'était arrivé de ressentir une certaine gêne après des regards un peu appuyés, ou des retournements lors de l'appel de classe la première journée, mais rien de comparable à cette rentrée.

Je suis seul sous le porche, le vide s'est fait autour de moi, à 3 mètres en demi-cercle, une trentaine d'élèves de la 6e à la 3e me dévisagent, commentent, rigolent ; des regards curieux, mais également hostiles. Moi je fais face les poings serrés, je transpire, j'ai du mal à respirer, je ne baisse pas les yeux, déjà cette fierté en moi qui m'a toujours empêché de me soumettre. Je regarde de côté, dans le vide, comme s'il n'y avait personne. Une minute peut-être qui me sembla une éternité, jusqu'à ce qu'un professeur de français vienne disperser tout le monde en me demandant si je voulais remonter en classe, je refusais.

Je n'étais pas grand à cet âge-là, et encore blond, avec cette foutue coupe de cheveux imposée par ma mère qui me donnait un air de fille, car les cheveux courts c'était pour les fachos, sans doute un reliquat de 68…

Je me suis senti comme un singe dans une cage, comme ces voleurs dans les films cernés par une foule armée de cailloux prête à les lyncher. Heureusement ça n'a pas duré et au bout de trois jours, tout était à peu près rentré dans l'ordre. Cette rentrée laissa des traces, c'est pourquoi encore aujourd'hui il m'arrive de me sentir dérangé lorsque j'ai trop de monde autour de moi. Je n'aime pas non plus me faire remarquer quand je rentre dans un restaurant, ou en public, je préfère me fondre dans la foule, qui, parfois aussi, peut me tendre ou me mettre sur la défensive.

Nous habitions toujours aux Invalides. Pour rentrer chez moi après les cours, je marchais jusqu'au croisement de la rue du Bac et du boulevard Saint-Germain pour prendre mon bus.

Je grandissais et ce nouveau sentiment de liberté aiguisait mes sens. Vivre à Paris quand on est pré-ado, commencer à goûter la liberté avait quelque chose de magique.

C'est cette année-là, au mois de mai, alors que j'allais vers mes 13 ans, qu'au cinéma j'embrassais ma première fille, Nathalie, une jolie brune aux yeux noisette.

Je n'ai pas beaucoup de souvenirs de ces deux ans, si ce n'est que j'ai volé ma première mobylette, une Peugeot 104 rouge. J'avais un ami de trois ans mon aîné qui lui en possédait une : parfois il me raccompagnait à la maison et me la laissait conduire sur le grand terre-plein des Invalides. Alors, tout naturellement, comme je mourais d'envie d'avoir la mienne, n'ayant pas l'âge et que mes parents ne m'en achèteraient jamais, j'en ai volé une.

J'avais acheté un petit antivol pour l'attacher près de l'école, je me souviens que de venir en cours le matin sur ma mobylette rouge me donnait un sentiment de liberté jusqu'alors jamais ressenti, c'était une jouissance. Un jour elle disparut, sans doute volée par un autre… c'est un peu le destin des deux roues finalement.

En écrivant ces lignes je m'interroge : je raconte cette histoire de vol comme une normalité, pourtant j'avais une conscience, celle d'un enfant de 13 ans à qui jamais l'on n'a appris à voler. Personne ne m'a jamais dit « si tu désires quelque chose prends-le », je n'en ai d'ailleurs jamais eu l'envie, je n'ai pas été élevé avec un sentiment d'impunité, bien au contraire, j'ai souvent payé le prix fort mes écarts, et n'ai jamais été ce petit gosse mal élevé à qui l'on passe tout et qui au fond de lui sait que papa ou maman viendront toujours le sortir du bourbier.

Est-ce cette blessure au père depuis mon plus jeune âge et certaines réactions brutales à mon égard qui ont effacé ce bout de conscience, le sentiment d'abandon qui fit mon lit ?

Les gosses font parfois des conneries, mais en général un peu plus tard. Où était cette petite voix qui était censée me dire : « Anthony tu ne dois pas voler » ?

Je n'ai pas les réponses. Le fait est que ce fut mon premier délit, et pas le dernier, j'en ai cumulé quelques-uns avant ce mois de janvier 1983 où il fallut 6 mètres carrés pour commencer à me faire réfléchir.

J'ai 18 ans, la porte de ma cellule de la prison de Bois-d'Arcy s'ouvre, les deux prisonniers assignés au courrier et à la location de livres me tendent une enveloppe.

Je reconnais immédiatement l'écriture de Parrain.

Le 3 février 1983
Salut, capitaine !
Comme une coulée de miel
La lumière très douce de cette espèce « d'Indian Summer »
Que nous vivons descend lentement, depuis la flèche
De l'église Saint-Germain-des-Prés, jusqu'à éclabousser l'inégal pavement.
Et je me dis que c'est une
Vision de beauté, parmi beaucoup d'autres, dont tu vas être privé un temps…
Et je me dis aussi que tout cela est trop bête !
Georges Kiejman, que tu as accepté
Comme avocat a été choisi par ton père.
Il se trouve, non seulement qu'il est
Aussi le mien, mais que je le considère surtout comme un ami de longue date.
C'est un homme de haute valeur (Pierre Mendès France l'avait choisi comme
Conseil), d'une compétence reconnue par tous ses pairs ; à qui tu peux t'ouvrir
De tes problèmes en toute confiance ; et vis-à-vis de qui je ne saurais que te
Recommander une totale sincérité.
Le souvenir qu'il garde de toi, et qui
M'est cher, te touchera peut-être : plus d'une fois de son balcon du
Grand Hôtel de Dinard, il nous a regardés tous deux jouer au tennis ; plus
Précisément, l'année où je suis revenu avec une cheville en capilotade

Je t'entends encore rire de mes mines douloureuses. T'en souviens-tu ?

Je viendrai te voir, si tout se passe bien
Mercredi prochain. Déjà je compte les jours.
En fais-tu autant ?
Salut Fiston
PARRAIN

Quelques jours plus tôt, il est 17 heures et je roule accompagné de Marc, un copain qui est aussi le frère de ma fiancée de l'époque, dans la BMW 320 automatique que j'ai volée la veille dans un parking de Neuilly-sur-Seine. J'ai toujours aimé BM…

Nous sommes sur l'autoroute de l'Ouest, sous mon siège un Mac 50, 9 mm acheté quelques semaines auparavant et qui aujourd'hui devrait enfin m'apporter un « retour sur investissement ».

Soudain, à la hauteur de la cité des Mureaux dans les Yvelines, mon camarade me demande de nous arrêter quelques minutes, car il a « un truc à régler » avec sa petite amie. Je gare la voiture en bas du HLM et l'accompagne. Une fille nous ouvre la porte, ils partent directement dans la chambre alors que j'attends dans le salon.

Dix minutes passent, pas un bruit, pas d'engueulade, pas de désir pressant non plus histoire d'évacuer la peur. Pour ma part, je suis tendu mais déterminé. Nous redescendons dans le froid de ce mois de janvier et aussitôt installé, je lui demande de faire le guet pendant que je reconnecte les fils de la voiture.

Soudain j'entends frapper au carreau, un bruit sec et métallique me fait lever les yeux : là, un 357 Manurhin de service est braqué sur ma tête.

La suite est classique : SRPJ de Versailles, 48 heures de garde à vue, perquisitions et case prison.

Le problème c'est « Delon », ça ne passe pas inaperçu, les photographes sont là pour me le rappeler et immortaliser la scène, menottes aux poignets à la sortie de chez le juge.

Le Mac 50 appartenait à un gendarme braqué par des gangsters qui ont fait évader l'ennemi public numéro un de l'époque, Bruno Sulak, lors d'un transfert et qui fréquentait la même fille que moi, pas banal pour une première.

C'est le premier jour d'incarcération qui m'a le plus marqué. D'abord le réveil, puis quand on m'a conduit dans ma cellule dont les carreaux étaient brisés, le maton par une température en dessous de zéro me dit :

« On viendra changer ça tout à l'heure. »

– Pourquoi ils sont cassés ?

– Un Roumain a piqué une crise de nerfs et il s'est pendu… »

Après cinq jours d'isolement, je demande à voir le directeur, le priant de me laisser sortir dans la cour de promenade avec les autres, je ne supporte pas cette courette de 9 mètres carrés surplombée d'un grillage qui me donne l'impression d'être un pigeon.

En rang nous descendons dans la cour, dans ma tête c'est clair, le premier qui me tourne autour je lui rentre dedans, après on verra.

Pour cette première sortie dans le nouveau monde, tout est resté calme. Mon problème, c'est mon compagnon de cellule : quitté par sa fiancée qui lui vida son compte en banque, il la tua à coups de fusil avant de retourner l'arme contre lui et de se rater. Fragile et suicidaire, donc imprévisible, il m'empêche de dormir.

Deuxième visite chez le directeur qui accepte de le remplacer par Lucien, un Antillais bon vivant avec qui je me suis entendu comme larrons en foire, et qui de plus est arrivé avec café, résistance pour chauffer l'eau et une cantine à tenir un siège.

« Delon, parloir ! » Maître Kiejman, mon avocat engagé par mon père mais rémunéré par mon parrain, m'attend, un grand nom du barreau, il me rassure immédiatement, dédramatise.

« Delon, colis ! » Mon ami Cyril Viguier m'envoie un kilo de lychees, ma vie s'organise.

Après deux semaines, première visite, mon père. Son photographe personnel doit l'attendre dehors histoire d'immortaliser la scène, le même qui le jour de ma sortie sera en arrière-plan sur la double page de *Match* et qui me fera comprendre la farce du « père irréprochable » qui vient chercher son rejeton à sa sortie de prison pour faire bonne figure dans la presse et le balancer ensuite comme un sac chez sa mère. Je ne me suis pas gêné pour le lui rappeler le moment venu, mais il connaissait déjà le fond de ma pensée.

Proche du commissaire Pellegrini à l'époque, il avait pu entendre les écoutes téléphoniques où je racontais ma sortie à mon ami Alexandre, et n'a pas manqué de s'en vanter, me faisant comprendre « que je n'avais nulle part où aller », ce qui signifie en bon français : « C'est moi qui suis aux commandes. »

Tout comme ce fameux jour où je suis venu lui parler quai Kennedy, et où il me dit, au moment de me déposer à un taxi, au volant de sa voiture :

« Toi et ton ami Alexandre Djouhri, vous commencez à me gonfler, alors vous allez arrêter tout de suite votre marque de blousons ou alors il va falloir qu'il s'explique, Alexandre.

– Ah ouais, et qu'il s'explique avec qui ? Ça ne sert à rien de faire des menaces de toute façon on n'a peur de personne !

– Ah oui, et tu crois qu'il n'aura pas peur de M. X ?

– Non, rien à foutre ! »

Si j'avais pu imaginer l'onde de choc de ma phrase « on n'a peur de personne (...) rien à foutre » je l'aurais peut-être fermée. Il ne faut jamais provoquer un homme dans la « toute-puissance » ou alors il faut être prêt à entrer en guerre.

Pourquoi suis-je sur écoute ? tout simplement car la police est persuadée que je connais Bruno Sulak, le soi-disant ennemi numéro 1 toujours en cavale, et que je vais les emmener jusqu'à lui.

Le parloir avec mon père se résume à une scène de film, imper kaki, lunettes jaunes, informations brèves et la main collée sur la vitre au moment du départ. Celui avec ma mère et Loulou fut beaucoup plus douloureux, je les ai vues toutes les deux au bord des larmes, bouleversées derrière cette vitre, ne sachant combien de temps je resterai enfermé. Le parloir de Parrain était digne et sincère, il m'a parlé de mon avocat, me dit que je ne devais pas m'inquiéter, puis il m'a demandé des détails sur ma vie en prison et enfin m'en a donné sur la sienne, m'a parlé de littérature et de ce que nous ferions après ma sortie.

Ce matin, l'office central de répression du banditisme vient me chercher pour m'interroger. Deux voitures, huit flics, menottes aux poignets mains derrière le dos et, plus ridicule encore, menottes m'enserrant le tendon d'Achille pour que je ne puisse pas courir, j'arrive à peine à marcher. Ils doivent penser que Sulak va venir me faire évader, ils se croient dans un film…

Cela me semble tellement disproportionné qu'avec le recul je me demande même s'ils n'ont pas reçu des instructions pour me rendre la vie plus difficile, pour me faire peur, peine perdue.

Enfant hypersensible, je me suis construit une carapace et un conditionnement mental à toute épreuve, il faudra encore attendre vingt-quatre ans pour que je commence à laisser filtrer la lumière, une façon métaphorique et poétique de décrire une réalité souvent beaucoup plus abrupte, nos actions ayant toujours des conséquences multiples, des ondes de choc.

Celle qui me revint en pleine face fut aussi violente qu'inattendue. On ne peut pas verrouiller ses peurs, ses angoisses et ses souffrances au plus profond de soi et espérer que les choses restent en l'état et se diluent avec le temps comme par enchantement.

Non, ce qui est enfermé le reste et un jour, à l'instar d'une bombe à retardement, tel une Cocotte-Minute mise sous pression par une vapeur à température maximale, explose.

Ce mois d'octobre 2007 je perdis pied, ma vie bascula dans un monde d'anxiété quasi impossible à surmonter tant ses morsures dans ma chair étaient douloureuses, je n'avais jamais connu cela, même dans les pires moments de ma vie. L'emplacement d'une clef posée sur un meuble pouvait emporter mon cerveau devenu incontrôlable et susciter des questionnements irrationnels sur le comment, ou le pourquoi cet objet était placé dans ce sens et non dans un autre. M'éloigner à plus de 100 mètres de chez moi s'apparentait à mourir, une peur identique à celle d'un astronaute dans l'espace qui, soudain, se voit séparé de sa nacelle et part à la dérive vers une mort certaine (explication donnée suite à une recherche américaine sur les formes d'anxiété aiguë) : c'est effectivement ce qui décrivait le mieux mon état à ce moment précis. Prendre un ascenseur ou l'avion était devenu mission impossible, j'étais prisonnier en moi-même à 8 000 kilomètres de mes racines, dans une ville, Los Angeles, qui m'était hostile et où chaque coin de rue devenait un appel au vide.

J'appris dans les années qui suivirent à me reconstruire et à faire face différemment.

Je me croyais fort mais je ne l'étais pas, la vraie force, résidant dans sa capacité à lâcher prise et à se libérer de mauvais concepts qui peuvent nous enchaîner tout au long de notre existence.

Quand on est enfant c'est différent, on fait comme on peut.

À l'Office central de répression du banditisme, on me demande où j'ai acheté l'arme. « À Pigalle dans la rue. » Ce n'est pas normal à 18 ans, quand on s'appelle Delon et que l'on n'est pas un drogué, de se retrouver en prison. J'ai la tête sur les épaules pour un homme jeune, je suis pragmatique et j'ai du bon sens. Besoin d'exister ? Oui ! De me démarquer ? Aussi !

« T'avais qu'à être docteur ou avocat ! » Les études ce n'était pas mon truc, je voulais vivre libre, mais surtout je sentais cette force ambivalente à l'intérieur de moi, qui me poussait tantôt vers la vie, tantôt vers la mort, sans que je ne sache quel chemin suivre.

J'aurais voulu être pilote de course ; ma mère me disait que tout petit déjà, quand dans la rue on passait près des voitures, je m'arrêtais fasciné pour caresser leurs pneus.

« Et pourquoi tu l'as volée la voiture, hein ! ? On peut faire traîner, il y a un historique sur cette arme, on peut te garder au moins neuf mois si tu ne nous dis rien. »

Dans ma tête je me dis qu'un homme ça ne balance pas, c'est une règle disait mon père. Je le regarde en silence, j'y crois et accepte la sanction de neuf mois de prison, s'il faut en passer par là…

Libéré en conditionnelle, je ne resterai pas plus d'un mois à Bois-d'Arcy et serai condamné à neuf mois avec sursis. Au jugement, la presse présente reprit ma réponse au moment où le juge me demanda ce que je faisais avec une arme : « Il y en a qui collectionnent les papillons M. le juge, eh bien ! moi ce sont les armes… » Un rien provocateur, je n'ai pas pu m'en empêcher.

Tout cela était suffisant pour que je comprenne en sortant de prison que je pouvais faire mieux que d'être un voyou. Je dépasserais mon père autrement qu'en faisant dans la vie ce qu'il faisait à l'écran. Eh oui ! dès mes 17 ans je voulais monter des braquages et vivre une vie libre et marginale sans lois ni contraintes d'aucune sorte, si ce n'est celles que je m'imposerais.

Je roulais avec une Kawasaki 550 GPZ, la plupart du temps sans casque, alors que je n'avais ni l'âge ni le permis et m'entraînais sur le périf à semer les gendarmes et leurs motos allemandes.

Finalement, j'ai trouvé la troisième voie : « Ton vieux a tenté de te couper les ailes, eh bien ! toi, tu vas t'occuper des tiens, tu seras un *Mensch.* »

Un an plus tard je lançai ma ligne de cuirs. Le succès de la marque Anthony Delon fut fulgurant, la première année 130 boutiques vendaient mes blousons, le magazine *Paris Match* me gratifia même d'une couverture en titrant : « À 19 ans le plus jeune PDG de France ».

La fin de l'aventure fut nettement moins glorieuse si je puis dire, car elle se termina dans un bain de sang. Le journal *Libération* qui, des années plus tard, le 1er novembre 2006 exactement, consacrait un long article sous forme d'enquête à mon ami Alexandre et associé de l'époque, qui depuis s'était envolé vers d'autres horizons, résumait l'affaire avec ces mots : « En 1985, puis 1986, [Djouhri] est victime de deux tentatives de meurtre en marge de règlements de comptes entre les Delon père et fils. Alexandre travaille alors pour Anthony, à qui Alain reproche de parasiter la marque "Delon". Le litige commercial dégénère en fusillades entre bandes rivales. Djouhri, "conseiller technique" d'une boîte de fringues de Delon Jr., échappe à une première algarade : dans un restaurant, le pistolet automatique pointé contre lui s'enraye, Djouhri achève à mains nues le désarmement de l'assaillant. Suivra une fusillade place du colonel Fabien à Paris où cette fois une balle de 11,43 se loge dans son dos… » etc.

Pour ma part, les freins de ma moto furent coupés à deux reprises, dont une aurait pu être fatale, si le ciel n'en avait décidé autrement. Ce soir-là, à 4 heures du matin devant la boîte de nuit L'Apocalypse, c'est Alexandre qui prit la moto. Contrairement à moi, il ne buvait pas une goutte d'alcool, mais conduisait aussi vite. Au bout de la rue, après deux premières vitesses bien appuyées, il n'y avait plus du tout de freins à l'avant.

Je nous laisse la fin de l'histoire, c'est personnel.

La fois suivante c'était en plein jour, et j'ai pu voir la tache d'huile au sol avant de démarrer.

Pour finir, mon gérant David Tordjman prit deux balles de 11,43 (quatre tirées) alors qu'il roulait tranquillement en plein après-midi dans ma voiture de société, une Autobianchi, rue du Faubourg-Saint-Honoré. Quarante-huit heures de garde à vue à la Criminelle pour moi et couverture de *Match* à nouveau, mais cette fois : « Anthony qui êtes-vous ? » La presse qui a relayé l'accident à coups de gros titres a fini de ternir notre réputation et de nous occasionner de lourds impayés des acheteurs. Facile d'ouvrir un parapluie quand il fait soleil, mais quand il pleut il n'y a plus personne.

Quelques mois plus tard je mettais la clef sous la porte… « Sans balancer. »

À l'âge de 14 ans, je décidai d'aller vivre avec mon père.

Je ne dis pas que c'était une erreur, car on apprend de nos désillusions comme de nos épreuves, elles font de nous ce que nous sommes et on se doit de les aimer pour cela.

Ce fut aussi un grand bouleversement dans la vie de ma mère, cela anticipa son départ pour les États-Unis, où elle s'installa à Los Angeles chez son amie productrice Caroline Pfeiffer.

Par la suite, c'est également ce qui la poussera à écrire et à réaliser son premier film, *Ils appellent ça un accident* mais ça, je ne l'ai appris qu'après sa mort en retrouvant de vieilles coupures de journaux. Elle ne m'en a jamais parlé.

L'histoire d'une mère qui perd son jeune fils suite à l'erreur médicale de son chirurgien de mari, également propriétaire de la clinique et qui, pour couvrir sa faute et protéger la réputation de l'établissement, décide de passer l'affaire sous silence.

Inacceptable pour sa femme qui décide de se venger et de l'assassiner. Voilà comment ma mère aborda à sa manière le thème de l'abandon et de la souffrance liée à celui-ci.

C'était aussi l'occasion je pense de tuer son propre père une seconde fois.

Un sujet sensible, puisqu'elle vécut le départ de ce dernier, alors qu'elle n'avait pas 4 ans, comme un véritable abandon. Au point que ne connaissant son existence que depuis six mois, le croyant mort avant cela depuis des lustres, je le rencontrai pour la première fois sur un tournage en 2003.

La scène était assez cocasse, nous tournions près d'Avignon dans un hôpital en extérieur, quand, au moment où Sébastien Grall, le metteur en scène, hurla « moteur ! », une voix résonna si fort qu'elle brisa le silence et par là même son autorité : « Ah ! il est beau mon petit-fils hein ? ! »

Je n'oublierai jamais cet instant.

Je vis un vieux bonhomme, l'air fier, au regard d'acier, portant un Stetson et poussé par une jeune infirmière, ce qui ne devait pas lui déplaire vu le nombre de ses conquêtes et mariages.

Je me dis : « C'est le pépé ! » Je l'avais immédiatement reconnu, sans l'avoir jamais vu, je savais que c'était lui. Je connaissais depuis peu son existence, ma tante qui contrairement à ma mère ne prétendait pas qu'il était mort m'avait proposé d'organiser une rencontre que j'avais refusée. Quand on vous coupe de vos racines dès votre plus jeune âge, il est difficile de raccrocher les wagons. Le karma en avait décidé autrement, cette rencontre fut très forte, la connexion immédiate, nous nous sommes revus et parlé au téléphone après mon retour sur Paris, puis soudain, d'un coup, huit mois plus tard il décéda pour de bon.

C'était écrit, nous devions nous croiser.

Lui et ses deux frères ont, semblerait-il, eu une vie des plus aventureuses entre l'Algérie et le Maroc, certains murs y trembleraient encore…

Il faudrait un jour que je raconte l'histoire des Canovas.

Le sujet familial chez nous ayant toujours été tabou, peut-être devrais-je y remédier.

J'avais besoin d'une présence paternelle et envie de me rapprocher de mon père, de vivre avec lui au quotidien, j'étais plein d'attentes. En vivant sous le même toit, je me disais que nos rapports changeraient forcément, j'étais adolescent et on trouverait nécessairement un moyen d'expression commun, un terrain d'entente.

La nouvelle rassurante pour moi était que Loulou allait m'accompagner la première année, elle ne voulait pas me laisser seule avec le « père Delon », même avec Mireille, elle n'aimait pas mon père, je n'en avais pas la moindre idée à l'époque, je ne l'ai appris que bien plus tard. Elle prétendait que c'était le diable incarné et Loulou ne craignait personne, à part peut-être le bon Dieu. Un jour qu'ils s'engueulaient, je ne sais pour quelle raison, mon père à bout de nerfs se dressa devant elle en lui hurlant dans la figure : « Vous savez qui je suis moi ? ! Je suis M. Delon !! »

Et elle, le doigt dressé devant son nez, du haut de son 1,54 m, le regardant droit dans les yeux derrière ses petites lunettes : « Mais je m'en fous ! Moi, je suis Mme Deprez !! »

Le connaissant, il devait avoir envie de la jeter par la fenêtre. Ah ! elle avait l'amour tenace ma Loulou, et un instinct maternel inoxydable pour vouloir m'accompagner.

Contre toute attente mon père accepta sans trop de problèmes, me dit ma mère. Je comprends aujourd'hui que ça devait l'arranger, ça allégeait le poids de ses responsabilités.

Je me suis donc installé quai Kennedy avec Loulou dans ce duplex immense face à la Seine et à la tour Eiffel. Le premier étage était composé de trois chambres, trois salles de bain et d'un bureau, un nid d'aigle sur les toits que l'on pouvait rejoindre à l'aide d'un petit escalier en colimaçon, toutes les chambres donnant, elles, sur un jardin suspendu.

La chambre de Loulou était mitoyenne à la mienne, c'était celle de Mireille.

Dans toutes les maisons, ils avaient chacun leur chambre, même s'ils dormaient ensemble.

J'héritais du premier lit que mon père se fit faire sur mesure, un lit en cuir, celui qu'il avait à Tancrou, puis à Messine dans la chambre de ma mère, et qui un jour me reviendra.

Il y avait quelque chose de nouveau pour moi à Kennedy : le personnel.

Sylvio était majordome et Sonia, sa femme, cuisinière, il était sicilien, elle espagnole. Ils formaient un couple bigarré. J'étais surpris, car à part Zina son chauffeur, mon père n'avait jamais eu de personnel fixe à la maison.

Zina, mon fidèle accompagnateur, qui les années précédentes venait me chercher à la sortie de l'école le vendredi soir quand c'était le week-end de mon père, me donnait immédiatement « la température » à la maison.

Il arrivait aussi qu'il vienne en semaine, le mercredi après-midi, et m'emmène sur les tournages aux studios de Boulogne-Billancourt où nous avions le privilège de nous garer dans l'entrée, à l'intérieur. Quand tu voyais la BMW grise 3.3 Li c'est que Delon était là ; souvent Zina n'était pas loin, il était facile de le reconnaître avec sa carrure et ses oreilles en chou-fleur.

J'adorais les studios, c'était un peu comme Disneyland, imprégné par cette odeur de fumée de bois brûlé qui parfumait les lieux et que l'on utilisait pour faire du brouillard ou simplement donner de la densité à la caméra. Il y avait plusieurs plateaux gigantesques avec des plafonds si hauts et si noirs que je n'en voyais pas le bout, comme l'univers. Quand la lumière rouge disparaissait, je pouvais y pénétrer et découvrir de nouveaux mondes, puis une sonnerie rauque annonçait la reprise et je regardais les acteurs jouer leurs scènes dans un silence total.

Au fameux « coupez ! », le metteur en scène donnait ses indications, puis suivait le « moteur ! action ! » et ça recommençait. J'apprenais un métier, le métier de mon père dirait Pagnol. J'adorais également me promener dans le hall, où les figurants poireautaient entre les scènes, habillés suivant les époques, se mélangeant, braillant et rigolant la clope au bec.

Aller à la cafétéria pour me prendre un sandwich ou une limonade et voir le patron, un grand balèze titi parisien de lignée qui me connaissait et me saluait à chaque fois m'appelant par mon prénom, « Anthony ! », me donnant l'impression d'être déjà adulte et important.

Boulogne, c'était un peu la deuxième maison de mon père, au premier étage au bout d'un couloir de loges, il y avait la sienne, un deux-pièces qui faisait bien 60 mètres carrés.

Il vivait là-bas, y avait amené ses photos, ses meubles, un canapé, c'était chez lui en somme. Il y travaillait, recevait, déjeunait, faisait la sieste, toujours un chien à ses pieds, pendant longtemps c'était Jado, puis ce fut le tour de Manu, notre mastiff napolitain.

Juste à côté il y avait Vadé, son coiffeur personnel, qui me coupait aussi les cheveux, et Suzy, son habilleuse, qui avait un faux air de Jeanne Moreau avec la même voix rauque de fumeuse de gitanes.

Les premier et deuxième étages, suivant les bâtiments, étaient constellés de portes et bourrés de petits escaliers en colimaçon pour descendre sur les plateaux. J'adorais les parcourir, me racontant tout un tas d'histoires. Qui étaient ces gens, où vivaient-ils, quelle était leur vie ?

Il y régnait une atmosphère particulière, comme un air de mystère.

Parfois Zina m'emmenait plus loin, comme cette nuit d'hiver 1970 où il me conduisit dans le Jura retrouver mon père qui tournait *La Veuve Couderc* avec Simone Signoret. J'avais 6 ans, je dormais sur le siège arrière enveloppé dans une couverture en shetland bleu marine, quand la porte de la voiture s'ouvrit, laissant rentrer un air glacé qui me pénétra jusqu'aux os. Nous étions arrivés à l'hôtel, il était 1 heure du matin et la neige recouvrait le trottoir. Mon père me demanda de me lever, il fallait que j'aille me coucher, j'aurais voulu qu'il me porte dans ses bras, mais il me prit par la main comme un petit homme.

J'adorais Simone, elle était magnifique et dégageait une force et une humanité incroyables. Ce regard, ce timbre de voix avec ce petit je ne sais quoi qui lui donnait une chaleur enveloppante…

Comme au studio, sur les tournages en extérieur je courais partout, furetais dans les moindres recoins. J'avais tellement l'habitude d'être seul que j'avais développé un imaginaire fertile, mon monde à moi, plein de personnages et d'aventures extraordinaires, je n'avais besoin de personne. Encore aujourd'hui, je peux me retrouver dans un dîner, une soirée, entouré de gens et être ailleurs, absent, loin dans mes pensées. Il m'arrive même de marcher dans la rue et de croiser une personne que je connais et la regarder sans la voir.

Ce qui peut sembler paradoxal, c'est que dès que je reviens dans le « monde des vivants » je suis extrêmement présent, précis, je vois tout, d'où le surnom que me donne parfois mon ami Alexandre : « Awacs ».

Le personnel de Kennedy a sans doute été engagé pour le standing de l'appartement et les réceptions qui devaient s'y tenir…

Un après-midi où mon père était en tournage, Mimi reçut pour le thé le président Valéry Giscard d'Estaing qui était une connaissance, puisqu'ils l'avaient tous les deux soutenu pour sa campagne présidentielle de 1974. Le bruit courait à l'époque qu'il était un homme à femmes, et il ne devait pas être insensible au charme de Mimi…

Malheureusement pour lui, ce jour-là, Delon finit de tourner en avance sur l'horaire et rentra à Kennedy à l'improviste. Je ne pense pas qu'un Président, surtout en fonction, ne se soit jamais fait virer de la sorte. Lorsque mon père tomba sur eux dans le salon rouge, piqué au vif, il eut ces mots : « Bonjour monsieur le Président, je ne reçois chez moi que les gens que j'invite, je vous demanderais donc de quitter les lieux immédiatement. » Giscard, bien élevé et sans doute un peu fébrile, le salua poliment et quitta les lieux par la grande porte sans discuter.

C'est vous dire l'assurance de Delon. Il en a toujours eu, mais à 43 ans, en pleine force de l'âge, il était irrésistible, même pour un Giscard d'Estaing. (C'est amusant, il y a peu de temps je regardais l'émission spéciale qui lui était consacrée sur TV5 par Cyril Viguier et je l'ai entendu parler de cette histoire, avouant que Giscard était amoureux de Mireille et qu'il l'avait un jour rencontré sur son palier. La moitié de l'histoire en fait !)

« Papa était jaloux » s'esclaffa Mimi je jour où elle me raconta l'anecdote.

Je pense que c'était aussi l'effet de surprise, il a toujours détesté les surprises et celle-là venait titiller sa virilité en son centre névralgique.

Giscard était un homme brillant, puissant et le pouvoir embellit, tout le monde sait.

Il y avait dans l'appartement une grande cuisine avec une longue table, mes parents n'ayant jamais aimé les salles à manger et toujours vécu dans les cuisines. Ma mère trouvait ça bourgeois, à Sundance où elle dessina sa maison, la cuisine était ouverte sur la table à manger, il n'en aurait pas pu être autrement. Mon père lui ne se pose même pas la question, la cuisine ayant toujours été son lieu de prédilection. Aujourd'hui à Douchy, quand il ne dort pas il passe 80 % de son temps dans la cuisine. Il me fait penser à ces personnages de film qui parlent peu ou pas du tout, toujours assis à cette lourde table de chêne massif, lisant le journal et surveillant d'un œil averti l'extérieur, le fusil à portée de main. L'autre jour je lui dis :

« Et si quelqu'un rentre dans la propriété juste pour te voir ?

– Ben il n'avait qu'à pas... »

Il me fait penser à Gabin.

Je passais à table tous les soirs à 19 h 30 en compagnie de Sylvio et Sonia. Loulou, elle, ne dînait jamais, ou alors elle prenait devant sa télévision un bol de Ricoré avec deux tartines beurrées de pain rassis qu'elle trempait dans sa tasse, une habitude qu'elle avait gardée de la guerre et qu'elle semblait apprécier. Je n'avais jamais dîné aussi tôt, pas depuis ma plus tendre enfance, ensuite, je devais finir mes devoirs si ce n'était déjà fait, puis me coucher à 9 heures.

Je n'étais pas heureux, j'ai donc tout naturellement commencé à faire des conneries, cela tombait à pic, je venais de rentrer à l'institut Charlemagne, une boîte à bac censée mater les plus récalcitrants, j'allais pouvoir me mesurer.

Les heures de colle le samedi matin, l'après-midi et même le dimanche tombaient en rafales. Je passais des week-ends à Paris à user mes fonds de culotte sur les bancs de « Charlot ».

Ça avait le don d'agacer mon père qui ne pouvait plus m'emmener à la campagne et ça m'arrangeait, car je commençais à faire le mur pour sortir avec des copains.

La règle quand j'étais seul le week-end avec Loulou était que la porte d'entrée soit verrouillée, sécurité oblige, Loulou laissant tout naturellement le trousseau dans sa chambre posé en évidence, il ne me restait donc plus qu'à le prendre pour sortir.

Un jour, elle s'en rendit compte, sans rien me dire elle le mit sous son oreiller. Qu'à cela ne tienne. J'attendais qu'elle soit endormie, qu'elle ronfle, car ma petite Loulou ronflait, et tout doucement, d'une main experte et délicate je venais retirer le précieux sésame sous sa tête. Mon cœur battait la chamade de peur qu'elle ne se réveille, mais quelle exaltation, quelle impression de liberté, quand à 14 ans tu te retrouves dehors à minuit et que le monde t'appartient. Nous allions en général boire des verres et écouter de la musique chez une amie dont les parents, en excès de confiance, partaient à la campagne les vendredis soir.

Vers 3 ou 4 heures je rentrais tranquillement à Kennedy.

« Anthony, si tu avais prévu de sortir ce soir ne le fais pas.

– Comment tu sais ! ?

– Peu importe, ne sors pas ; ton père t'attendra en bas toi et tes copains. »

Mimi était formelle.

Ce soir-là, je restais au fond de mon lit sans broncher, un petit sourire au coin des lèvres. Loulou s'était confiée à Mireille qui s'est sentie contrainte de le dire à mon père, mais également de me protéger, c'est-à-dire de faire passer mon père et ses deux copains pour des idiots plantés dans leur voiture jusqu'à 2 heures du matin.

Je sortais tous les samedis, il ne comprit pas pourquoi ce soir-là je restai couché.

Il ne dit rien, sans doute blessé dans son orgueil, et le connaissant, cherchant à son habitude le coup d'éclat. Il a toujours aimé prendre les gens à contre-pied. Il apprit la vérité vingt ans plus tard, et c'est en souriant qu'il me dit : « Vous seriez descendus vous auriez passé un sale quart d'heure… » Par le plus grand des hasards, après cette soirée avortée, les trois week-ends qui suivirent je fus contraint d'aller à Douchy.

Ce dimanche je jouais gros, toujours en manque d'attention, j'avais décidé d'emmerder mon père alors qu'il regardait un match de foot à la télé. Dehors avec ma carabine à plomb, une Diana 27, caché derrière un arbre, je m'amusais à tirer sur l'antenne de télévision. « Télé de merde ! C'est quoi, ces coupures !? »

Il s'acharnait à coups de claques sur la pauvre Sony, jusqu'au moment où Mireille comprit, elle était fine Mimi, je ne sais comment elle eut la puce à l'oreille. Elle fit le tour de la maison et vint droit sur moi, sans colère, mais tout de même légèrement angoissée. « Tony arrête ! tu es en train d'énerver ton père, s'il voit que c'est toi tu vas prendre une trempe. » Dans son for intérieur je sais qu'elle rigolait, on en parla un jour, elle me dit en riant : « Mais quel petit con t'étais ! »

À cet âge-là, je me baladais souvent dans les bois avec ma carabine, imitant sans doute mon père qui sortait toujours armé, probablement se rassurait-il ainsi, anticipant une rencontre inopportune avec un intrus. Quelques années auparavant, je devais avoir 12 ans, un week-end où Pierrot son ami était à Douchy, nous sommes partis faire du vélo, nous avions quelques belles pièces à la maison. D'abord le vélo vert qui ne roulait plus depuis trente ans, celui de Fausto Copi, que mon père enfant portait quand il courait au Vél d'Hiv.

Il y avait aussi le blanc, celui d'Eddy Merckx, et enfin le fameux vélo rouge, celui de Raymond Poulidor, plus petit, qui m'était attribué. Ce jour-là, avant de prendre la route, à son habitude, mon père glissa un 9 mm dans son maillot, je n'oublierai jamais cette journée.

Alors que nous étions sur le retour, après une sortie de 25 ou 30 kilomètres, il s'aperçut que nous avions semé Pierrot. Il s'arrêta en scrutant l'horizon puis me dit :

« Attends Pierrot.

– D'accord, mais roule doucement qu'on puisse te rattraper. »

Je voulais profiter de ces moments avec lui, nous partagions si rarement du temps.

« Oui, oui ! »

Il n'en fit rien, je le voyais disparaître au loin sans pouvoir réagir. Quand Pierrot se montra finalement, il n'était plus qu'un point à l'horizon. Après un signe de la main au retardataire, je partis comme une balle, blessé par l'idée qu'il ne m'ait pas attendu, pire, qu'il me sème moi aussi. Avant de rejoindre le portail du haut, il fallait monter la grande côte de Chuelles sur un kilomètre, je le voyais grimper sans se retourner, seul au monde. En danseuse, déjà à bout de souffle, j'entrepris l'ascension, je voulais absolument faire la jonction avant le portail, enragé et à la fois malheureux. À quelques mètres de l'arrivée j'y parvins, le visage rouge écarlate au bord de l'asphyxie, avec l'envie de vomir mes entrailles.

Il me regarda en souriant et quand nous posâmes le pied à terre, il me dit : « Récupère ! » J'attendais un regard de fierté, j'avais tout de même réussi à le rattraper, fait preuve de détermination… Rien ! Je n'avais pas encore compris à cet âge que ce ne serait jamais assez.

Les gens ont dit ce qu'ils voulaient, ça m'a souvent blessé, provoquant chez moi un sentiment d'injustice, mais aujourd'hui et depuis bien longtemps ça ne me touche plus.

Ils ne comprennent rien, ne voient que l'aspect superficiel, l'image qu'ils projettent en eux de porter un nom célèbre, comme si cela compensait le reste.

C'est déjà compliqué de trouver sa place et de grandir à côté d'un monstre sacré, ça l'est encore plus quand ce dernier ne fait rien pour vous aider à devenir un homme, cela demande une débauche d'énergie, de courage et d'obstination que les trois quarts de mes détracteurs seraient incapables de fournir.

Un combat permanent pour avoir une voix, une place, une existence tout simplement, avec cette crainte de dire quelque chose qui, tel un poignard se retournera contre soi, nous faisant perdre notre propre estime, jusqu'à cesser de nous aimer, tout en continuant d'aimer l'autre. Là est le danger.

Se laisser faire équivaut à être dominé, se mettre à genoux, perdre sa dignité ; je l'ai vécu comme tel et c'est ce qui m'a permis de rester debout.

Avec ma paternité les choses ont évolué et j'ai pu prendre de la hauteur, cela m'a placé à son niveau, celui d'un père, d'un homme, d'égal à égal, cela me fit du bien, même si cela réveilla mes démons, ceux qu'il m'avait refilés, qui, sans doute, se baladaient chez les Delon depuis plusieurs générations et allaient venir se fracasser sur ma détermination.

Un après-midi, alors que je me promenais dans le parc un peu désœuvré, je fis une chose que je regrette encore aujourd'hui, j'ai tiré un oiseau. Touché à l'aile, il tomba au sol, mais n'était pas mort, il me fallut au moins trois plombs pour l'achever, j'en pleurais. Je l'ai enterré au pied d'un arbre et plus jamais ne chassai un animal. En revanche, j'aimais particulièrement tirer sur les carreaux de l'orangerie, une sorte de hangar qui servait de garage à tracteurs et de débarras, un ancien corps de ferme qui se trouvait dans la propriété.

Le bruit du verre brisé, ces carreaux qui tombaient les uns après les autres parfois avec fracas m'excitaient. C'était une énorme connerie, car plus rien à l'intérieur n'était protégé des intempéries, mais il fallait bien que je m'occupe. Un parc de 55 hectares quand on est seul peut vite devenir une prison dorée, j'avais besoin de frissons et le sentiment d'interdit me faisait me sentir vivant.

Comme ces fois où, toujours avec ma carabine que j'avais ramenée quai Kennedy, je montais au bureau de mon père sur les toits et tirais à distance, sans les casser bien évidemment, sur les carreaux d'un restaurant italien en contrebas, ceux de leur cuisine. Le bruit sec du plomb sur la vitre forçait le chef à bout de nerfs à ouvrir la fenêtre pour tenter de voir ce qui faisait un bruit si insupportable. Ils mirent du temps à comprendre, puis un jour ils ont sonné à l'interphone, c'est encore Mimi qui s'en chargea, douce Mimi.

J'ai toujours été assez bon tireur. À l'époque, avenue Franklin-Roosevelt se trouvait une grande boutique qui vendait des armes et des articles de chasse, Gastinne Renette.

Au sous-sol il y avait un stand de tir tenu par M. Armand, un vieil homme en blouse marron, le teint gris et les cheveux blancs toujours coiffés en arrière, qui souffrait de saturnisme à force de respirer les poussières de plomb. Il était possible de tirer avec n'importe quelle arme, du moment que l'on payait et qu'on était majeur. Mais moi, je m'appelais Delon, il ne peut pas y avoir que des inconvénients, et à 14 ans, j'ai pu descendre au stand, après bien sûr un mensonge consistant à dire que je tirais déjà depuis un an à la campagne avec mon père, ce qui était totalement faux.

J'ai donc commencé avec un 38 spécial 6 pouces et des balles moins chargées en poudre, appelées des semi-wad cutter. Comme je me débrouillais pas mal, la fois suivante je suis passé aux balles normales et au 9 mm. La fois suivante toujours au 9 mm, puis au 38 spécial 4 pouces. Rapidement j'avais en main le 357 magnum 6 pouces, le même que celui d'Yves Montand dans *Police Python 357*, et même le 44, celui de Clint Eastwood dans *L'Inspecteur Harry*. Après quelques semaines, je rentrai un soir à Kennedy avec trois belles cibles au tir groupé, 357 Smith & Wesson et CZ 9 mm automatique, une très bonne arme autrichienne.

J'étais fier de partager mon exploit avec mon père qui dînait ce soir-là en compagnie de Mireille. J'entends encore ses cris ! Le lendemain, il faisait appeler Gastinne Renette, et jusqu'à mes 18 ans, comme tous les mineurs, j'étais banni. Il est tout de même paradoxal comme homme : dès le biberon j'ai été nourri aux armes à feu et le jour où j'en fais usage, même sportivement, j'ai droit au grand sermon de la responsabilité. Si je fumais des joints, je ne le ferais pas devant mes gosses, le cas échéant, je dois me préparer à l'éventualité qu'un jour ils consomment eux aussi. Je pense que le tir groupé l'a contrarié.

Un peu comme ce week-end à Douchy où le samedi matin il me dit que je ne pourrai jamais réussir à siffler sans mes doigts. Durant deux jours dans les bois, je n'ai eu de cesse d'essayer et le dimanche soir avant de reprendre la route pour Paris, je m'exécutai tel un pinson.

Mon petit exploit est resté là encore invisible. L'impossible ou le « tu ne peux pas » n'a jamais rimé avec mon tempérament, surtout si j'en décide autrement. J'avais simplement besoin de lui prouver une fois encore que j'en étais capable.

J'ai aimé les armes jusqu'à mes 35 ans. À Sundance chez ma mère, je possédais un SigSauer

P226, un 9 mm automatique utilisé par certains membres des forces spéciales de l'époque et paraît-il, selon un ami instructeur, ancien du GIGN, également chez les gendarmes. Il ne s'enrayait jamais, contrairement au Beretta.

Près de Sundance dans l'Utah, nous allions avec des copains tirer des centaines de cartouches dans les carrières de Provo au bas du canyon.

Puis un jour la passion m'a quitté, sans doute suis-je devenu un peu plus moi-même.

C'est au cours de ce Noël 1978 que je découvris le Mexique, j'avais 14 ans. Ce que j'avance est un peu faux, car en réalité la première fois que j'y suis allé c'était avec mes parents, j'avais 1 an. Ma mère voulait que nous passions les fêtes avec son ami Lucio, Odile, sa femme photographe pour Sygma, et sa fille Valeria qui était ma plus vieille amie. Nous nous sommes connus dès l'âge de 5 ans, rue Francois-Ier, pour mon anniversaire.

François-Ier, c'est comme ça que mon père l'appelait, était un véritable appartement de star de cinéma : il y avait une salle de projection avec deux vraies machines et un projectionniste qui venait à la demande. Oui, en 69 on était encore loin des DVD et des rétroprojecteurs, mais chez les Delon nous étions des professionnels de la profession !

Derrière le salon se trouvait la salle du projectionniste. J'adorais cette pièce, les murs étaient recouverts de tissu en velours gris anthracite, qui aidait à l'insonorisation des deux énormes projecteurs en acier d'un vert foncé luisant, sur lesquels l'homme mettait les bobines pour nous dérouler le film en 35 mm.

Contre le mur un lit une place, avec une couverture anglaise à carreaux verts et bleu marine dans lequel j'adorais me réfugier la nuit dès que j'étais assailli par des créatures démoniaques sorties des abîmes de ma chambre trop excentrée.

Les projos étaient collés contre la paroi et envoyaient leur faisceau lumineux à travers deux orifices prévus à cet effet, comme au cinéma. Dans le salon, ces mêmes trous étaient masqués par deux tableaux que nous retirions le moment venu. De l'autre côté de la pièce, dissimulé dans le faux plafond, un grand écran électrique qui faisait la largeur du salon se baissait pour le visionnage. Au milieu de la pièce, sous le billard français, se trouvait ma place, ma cachette.

Depuis leur divorce, mes parents avaient pour habitude d'organiser mon anniversaire à François-Ier, c'était l'occasion pour leurs amis de venir avec leurs enfants afin que je me fasse de nouveaux copains, ce que je détestais plus que tout, tous ces gens que je ne connaissais pas...

C'est ce qui s'est produit avec Lucio, qui accompagné de ma mère est venu avec sa fille Valeria. Il adore raconter cette histoire avec son accent sicilien : « On est entré dans le salon, et là, j'ai vu sous le billard cette petite tête avec ses grands yeux ronds, telle une taupe sortie de son trou pour nous observer, puis disparaître subitement quand nos regards se sont croisés. »

Aux anniversaires, c'était toujours le même programme : goûter pour les gosses, puis projection, tous dans les canapés, sauf moi, qui restais sous mon billard, allongé sur le ventre comme au premier rang. Film obligatoire : comme l'année précédente et la suivante, un film d'Alain Delon. Pas de Walt Disney, cette année c'était *Mélodie en sous-sol.*

Ceux qui voulaient dormir avaient le droit, ce n'était pas mon cas, moi je regardais mon père comme on regarde un dieu. Dieu le père des petits garçons, le plus fort, le plus beau, celui qui gagne ou qui meurt comme un héros. Quand la lumière se rallumait, je me retournais et il était là, en chair et en os, identique au héros de l'écran, je courais toujours l'embrasser pour lui dire : « C'était super ! »

Étrange sensation où réalité et fiction se fondent dans un espace-temps immédiat, cela donne encore plus de dimension et de grandeur à l'homme, mon papa.

À l'époque, Lucio était haut fonctionnaire à l'Unesco. Par la suite, après son divorce et sa retraite anticipée en Espagne, il deviendra écrivain, spécialisé dans la mafia ; lui-même Sicilien, il écrira quelques bouquins sur le sujet, dont *Ouverture sicilienne*, un classique du genre.

Lucio était bel homme, grand et toujours élégant. C'est aussi quelqu'un de très cultivé qui de par son métier a sillonné le monde, vu beaucoup de choses et possède des tonnes d'histoires dans son registre, ce qui tombait à pic car j'adorais qu'on me raconte des histoires, et comme j'étais toujours à la recherche d'un père spirituel, ce Sicilien pure souche, Palermitain d'origine, me convenait à la perfection.

Nous avons atterri à Mexico, puis après une escale de 24 heures nous sommes partis pour Puerto Vallarta. C'était alors magnifique et sauvage, il y avait peu de constructions, tout au plus deux ou trois hôtels sur une immense plage de sable immaculé, rien à voir avec aujourd'hui. Nous y sommes restés quelques jours pour nous reposer, puis nous avons commencé notre visite par la « cascade de l'iguane », haut lieu touristique de la région où Marlon Brando aurait tourné *La Nuit de l'iguane.*

L'idée est venue de Lucio : le périple commençait à dos de bourricot, d'abord dans la jungle, puis à flanc d'une montagne escarpée, pour enfin déboucher sur la fameuse cascade, qui n'était qu'un filet d'eau ridicule. En revanche, nous pouvions acheter des souvenirs, de l'Orangina et des Coca dans une bicoque bariolée faite de tôle et de bois, le parfait piège à touristes.

Valeria et moi avons bien ri de voir son père si élégant, ses grandes jambes touchant presque le sol, accroché à la minuscule selle du bourricot sur une pente à 45 degrés surplombant le vide. De retour dans la petite crique du départ, nous avons mangé un poisson grillé pêché sur place, puis toujours guidés par Lucio, nous sommes repartis pour un tour de parachute ascensionnel.

Lui déteste ce genre de choses, comme tous les sports : « Moi c'est *no sports* ! » comme Churchill, c'est la seule religion qui tienne. Ma mère, toujours en quête de sensations fortes, fut la première à partir, Odile refusa l'envolée et Lucio, pour ne pas se dégonfler, décolla à son tour, en longe derrière le hors-bord. Deuxième rigolade de la journée, quand le harnais mal serré le compressa en remontant ses parties génitales, lui pliant les jambes en X comme celles d'une poupée désarticulée, plus ridicule tu meurs.

Bien évidemment il rata son arrivée, manquant de s'empaler sur la pancarte « Bienvenue à la plage de l'iguane. » C'est la première fois de ma vie que j'entendis des jurons en patois sicilien. Ne jamais aller contre nature, *caro* Lucio.

Le lendemain nous avons pris l'avion pour le Yucatan, afin de visiter les pyramides incas et tous les vestiges archéologiques de la région, Lucio était enfin dans son élément, au fil des visites il faisait des commentaires avisés dont je ne manquais pas une syllabe.

J'étais très intrigué par ce col roulé noir en cachemire qu'il portait sous sa veste en fil, alors que le mercure avoisinait les 30 degrés à l'ombre. Il me répondit que le meilleur moyen de ne pas avoir chaud au soleil c'était de se couvrir.

« En noir ?

– Oui car ça thermorégule la température de ton corps, regarde les Touaregs, eux aussi portent du noir. »

J'ai par la suite essayé l'astuce du col roulé en cachemire au soleil, mais failli mourir de chaud. Je n'ai visiblement pas le sang-froid du Sicilien.

De retour à Paris, j'ai réintégré Kennedy.

Ma mère, lorsqu'elle venait à Paris à l'époque vivait dans un grand appartement de l'avenue Malakoff, chez Dani la chanteuse, meilleure amie et complice de ma mère. À gauche dans l'entrée, il y avait ce qui devait être une salle à manger et qui était devenu sa chambre. Un artiste ayant peint sur les murs une forêt vierge, rentrer dans la pièce équivalait à passer dans un autre monde, un univers de feuilles géantes de couleurs et d'oiseaux en tous genres, un peu psychédélique.

Quand elle était là, il m'arrivait de venir dormir le samedi soir avec Manu, le fils de Dani. Passer le week-end là-bas me faisait du bien, m'ouvrait l'esprit.

Du samedi soir au brunch du dimanche, il fallait oublier nos mères, elles étaient de sortie, Dani étant à l'époque la propriétaire de L'Aventure, la boîte à la mode de cette fin des années 70, mais dès qu'elles se réveillaient, l'esprit de fête les accompagnait et les dimanches se passaient toujours en musique.

C'est aussi cette année-là, pour Pâques, que mon père décida de m'emmener avec lui à Los Angeles où il avait des rendez-vous d'affaires. Décidément, cette année s'avérait pleine de voyages et de surprises.

Nous sommes descendus dans une suite au Beverly Wilshire, célèbre hôtel de Beverly Hills qui accueillit quelques années plus tard Julia Roberts et Richard Gere pour le tournage du fameux *Pretty Woman*.

J'étais très impressionné par autant de luxe, je n'avais pas l'habitude.

On m'avait mis un petit lit d'appoint dans le salon, qui me donnait le sentiment d'avoir ma chambre à moi. Le lendemain matin à 6 heures, l'œil grand ouvert, n'en pouvant plus, je décidai de descendre me promener dans les rues désertes du quartier. Depuis notre départ après ma naissance, c'était mon premier voyage dans la cité des anges.

De retour à l'hôtel, affamé, j'ai attendu que mon père se réveille pour commander un petit-déjeuner de circonstances, à l'américaine.

Bonne surprise, cet après-midi nous avons rendez-vous chez son ami Bob Evans, célèbre producteur d'Hollywood, qui produisit notamment le mémorable *Bullit* avec Steve McQueen qui, durant le tournage du film eut la bonne idée de lui piquer sa fiancée, la divine Ali MacGrow, une des plus belles femmes du monde de l'époque, après ma mère naturellement.

Il nous invita à une projection privée chez lui le lendemain, pour voir en exclusivité *Superman*, le premier volet avec Christopher Reeve, qui jouait le héros de Marvel et que j'ai d'ailleurs rencontré des années plus tard : avant son accident, il venait souvent jouer au billard chez moi dans les collines à West Hollywood. *Superman*, un grand moment de cinéma pour le jeune adolescent que j'étais.

Mon père m'annonça que comme il avait du travail (il préparait le film *Airport 79 Concorde*), j'allais partir quelques jours avec un copain à lui physiothérapeute, Jeff M., pour un « road trip » en voiture jusqu'à San Francisco.

Un peu déçu qu'il ne m'accompagne pas, j'étais tout de même excité de faire le voyage.

Je connaissais un peu Jeff car il était aussi un ami de ma mère. À mes yeux, il avait un peu une dégaine d'Américain : jeans, bottes, t-shirt et blouson. La nuit, nous nous arrêtions dans des motels, typiques et dépaysants, je me souviens d'un en particulier, noyé dans les pins et dont la structure était faite de rondins de bois vernis, un peu comme ces maisons que l'on voyait dans les westerns, mais en plus neuf.

Nous avons déjeuné à Carmel, vu la forêt de séquoias, mais le clou du voyage fut incontestablement la visite de la prison d'Alcatraz et de la cellule dans laquelle était enfermé Al Capone, je m'en souviens comme si c'était hier. J'étais reconnaissant envers Jeff, car il s'était gentiment occupé de moi, m'expliquant bien les choses tout au long du voyage et répondant à toutes mes questions avec calme, car oui, quand j'étais gamin je posais toujours mille questions à la minute. Cela plaisait beaucoup à Parrain, le faisait rire, un peu moins nos voisins, surtout au cinéma, quand ils étaient sans cesse dérangés par mes interventions et que ma voix cristalline leur transperçait les tympans.

De retour au Beverly Wilshire, je racontais mes aventures à mon père, puis dans la foulée nous sommes rentrés à Paris retrouver Loulou qui avait pris des vacances à Metz dans sa famille, ainsi que Mimi qui nous attendait à la maison.

Le point positif de cette année paternelle était que j'étais parti deux jours en vacances avec lui en Californie, le point négatif, c'est que j'en attendais plus…

L'été de mes 15 ans révéla son lot de surprises et de nouveautés.

Michel et Patricia avaient grandi, le premier était maintenant membre des Éclaireurs de France, genre de scouts en plus décontracté et moins catho ; quant à Patricia, qui allait avoir 16 ans, elle avait enfin des copines. À peine arrivé à Nice, je suis allé passer une semaine accompagné de Michel chez les Éclaireurs, en pleine nature dans l'arrière-pays niçois, avec toutes les aventures qui s'y prêtaient.

De retour à la maison, nous allions toujours à la plage, mais parfois aussi nous traînions chez les copains. C'est là que j'eus ma première aventure sensuelle. Un après-midi, par le plus grand des miracles, je me suis retrouvé au lit à moitié habillé avec deux copines, une que j'embrassais et l'autre plus âgée, qui était tout contre moi et qui deviendra d'ailleurs ce fameux été ma première aventure.

Patricia était d'accord pour venir à Douchy, mais à condition qu'elle puisse inviter ses deux amies, C. et V. Mon père et Mireille acceptèrent, et comme nous étions trop nombreux pour être dans la maison principale, ils nous laissèrent habiter dans une des dépendances de gardien.

Celle précisément où nous logions quand il a acheté la propriété, en haut de la fameuse côte de Chuelles. D'habiter seul sans les parents nous donnait des ailes, c'était faire un pas supplémentaire vers l'âge adulte ; tout à coup nous étions indépendants, presque autonomes. Nous écoutions de la musique le soir, allions nous coucher quand bon nous semblait et pouvions dormir le matin. Je parle pour les autres, car je n'ai malheureusement jamais pu de ma vie faire la grasse matinée, ce n'est pas dans ma nature, j'ai trop d'énergie.

Les trois filles dormaient au premier étage et nous au deuxième sous les toits. La seule obligation était d'aller dîner le soir à la maison, où nous étions la plupart du temps, ne serait-ce que pour profiter de la piscine.

Ça plaisait bien à mon père de voir ces jeunes femmes, il avait des étoiles dans les yeux, la séduction est dans ses gènes, il tenterait même de séduire une chaise. Cela reste pour moi un grand mystère, lui qui était l'un des hommes les plus beaux du monde, star de cinéma, il a malgré cela toujours ressenti le besoin de se prouver qu'il pouvait plaire.

Les filles rougissaient au moindre compliment, Patricia se moquait, elle le garçon manqué qui n'a jamais été très « femelle ». Les vacances ont été différentes, avec le recul, je dirais moins bien, on ne s'est pas amusé comme les autres années, nous avions grandi, nous n'étions plus totalement des enfants, l'adolescence était à l'œuvre avec son lot de bouleversements.

Ce fut notre dernier été à Douchy.

Comme chaque année, la rentrée se faisait environ vingt jours avant mon anniversaire.

Le 30 septembre 1979, j'allais avoir 15 ans et ma vie prit un nouveau virage qui, je pense, me propulsa définitivement hors de l'adolescence. En cette deuxième rentrée scolaire à Charlemagne, j'avais décidé de commencer fort et d'ouvrir les hostilités dès le premier jour à l'aide d'un mini-poste de radio portatif que j'avais glissé dans ma poche. Je retrouvais avec plaisir certains de mes amis de l'an passé, dont Franck avec qui je m'entendais bien et qui était encore dans ma classe.

Nous avions de nouveaux professeurs, mais aussi des anciens, comme ce prof d'anglais que je ne supportais pas. Je pris donc l'initiative de lui gâcher son premier cours.

À peine tournait-il le dos pour écrire au tableau que la main dans la poche j'allumais ma radio… « *Who is doing this noise ?* » Pas de réponse.

Il se remettait à écrire, je recommençais, je voyais bien qu'il tentait de localiser la rumeur, mais sans succès. Soudain, comme s'il était à bout de nerfs, il sortit de la classe chercher le directeur qui quelques instants plus tard fit une entrée fracassante, menaçant (déjà) de coller toute la classe quatre heures le premier samedi, si le coupable ne se dénonçait pas, poussant ainsi mes camarades à la délation. J'aurais pu me dénoncer, je m'en fichais, mais c'eût été céder à leurs menaces. C'est ce contre quoi je me révoltais, ce bras de fer permanent, cette autorité rigide, froide, écrasante et ses sanctions excessives.

Cette classe était un bon cru, personne ne parla, c'est un parent d'élève qui me dénonça.

Le lendemain matin en arrivant à l'école, je fus immédiatement convoqué dans le bureau de M. le directeur, pour m'entendre signifier mon renvoi définitif et sur le champ de l'établissement.

Ils appelèrent Mimi à la maison et Zina vint me chercher. Dans la voiture qui me ramenait à Kennedy, je lui demandais :

« Papa est là ?

– Oui.

– Comment il est ? »

Je me souviendrai toujours de sa réponse silencieuse, il me fit une moue avec la bouche et de la main, ce mouvement un peu comme le salut royal d'Angleterre, mais à l'horizontale, qui te dit : « pas génial ». Nous sommes arrivés par la cuisine après avoir sonné devant la caméra, Sylvio nous a ouvert la tête dans les épaules et j'aperçus immédiatement mon père qui nous attendait au bout du petit couloir. J'avançais vers lui mollement, un sourire illumina son visage.

Le doute s'installa en moi… « Ça le fait sourire ? » Je n'imaginais pas que c'était une diversion.

D'abord je pris une claque qui me dévissa la tête, puis, *manu militari*, il me souleva littéralement du sol pour m'emmener dans ma chambre où il s'empara de ma batte de baseball pour me la mettre dans les mains en hurlant : « Défends-toi !! »

C'était perdu d'avance, je n'étais pas dupe. Après plusieurs tentatives, voyant que je n'étais pas prêt au « suicide » il quitta la pièce hors de lui.

Le soir même j'étais à Douchy, enfermé dans ma chambre ; j'y resterai trois jours, le temps que

Mimi me trouve un établissement qui veuille bien de moi, une autre pension. Je pense la dernière étape avant la maison de correction, car je ne vois pas en termes d'établissement scolaire ce qui pourrait être pire. Un immeuble de verre de cinq étages avec des caméras à chaque niveau, une cour en béton fermée de hauts murs et comme garde-chiourme, un surveillant général en surpoids qui ne savait pas s'exprimer sans hurler. Du point de vue scolaire je lâchai définitivement prise, faisant le strict minimum, jusqu'à dormir en cours au fond de la classe, mes études étaient « pliées ». Tout le monde s'en fichait, l'important étant que les trimestres soient payés, j'imagine.

Naturellement, après quelques mois, j'accumulais les sorties nocturnes en tous genres et les dégradations de l'établissement, à commencer par le démontage des caméras de surveillance.

Je resterai deux ans dans ce « trou ».

C'est cette année-là que je décidai qu'il était temps pour moi de retourner vivre chez ma mère, l'expérience paternelle étant un échec cuisant.

Même si elle était aux États-Unis, Loulou toujours à Paris restait fidèle au poste. J'appelai ma mère pour lui parler de mon « exfiltration ». Autant que je m'en souvienne, elle comprit mon point de vue et me dit qu'elle en parlerait avec mon père. Je pensais qu'il serait soulagé de se débarrasser de ce poids mort. C'était sans compter sur sa pugnacité puisqu'il exigea que je fasse une demande officielle dans le bureau d'un juge pour enfant, afin que j'assume ma décision.

Le rendez-vous fut pris quelques mois plus tard, s'alignant sur le calendrier de ma mère qui rentrait en France. Je me souviens encore de cet après-midi, un « rodéo ». Le juge pour enfant, s'il est toujours vivant, s'en souvient encore, c'est certain.

Je suis donc face au juge, assis entre mon père et ma mère. Après une lecture de l'état des lieux et des paroles qui me sont passées au-dessus de la tête, le juge me pose cette question cruciale : « Anthony, chez qui désirez-vous vivre désormais ? »

Je réponds : « Chez ma mère. »

J'eus à peine le temps de finir ma phrase que mon père, comme s'il avait les fesses compressées par un ressort, d'un bond me sauta à la gorge me faisant basculer en arrière avec ma chaise. J'entends encore ma mère criant : « Alaiiiiinn !! » et venant l'agripper aux épaules pour le tirer en arrière alors qu'il m'enserrait la gorge, m'empêchant de respirer. Le juge se dressa à son tour « M. Delon, du calme voyons !! » Il n'y avait plus beaucoup d'autorité dans sa voix, je pense qu'une seconde il a été dépassé par les événements, peut-être un peu impressionné, il avait certainement lui aussi vu *Le Clan des Siciliens*…

Mon père s'est rassis dans sa chaise comme il s'était levé, « bouillant ».

Il était clair que pour le juge, il était temps pour moi de regagner l'autre camp, celui des femmes. Ce fut notre première rupture, au goût du jour pendant plus de vingt-cinq ans.

Par la suite, dès que ma mère tentait d'apaiser une énième dispute entre nous, il lui ressortait toujours la même rengaine, l'affaire du juge : « Ce jour-là ton fils m'a renié. » Oui, car quand les choses n'allaient pas et qu'ils parlaient de moi, c'était toujours : « Ton fils ! » Elle lui répondant systématiquement : « C'est aussi le tien je te signale ! »

Et puis un jour, en 2006, une autre trahison est venue prendre la place de la première, celle du pauvre juge. L'émission *Envoyé spécial*. Dans un portrait qui m'était consacré, je dis : « Mon père a toujours voulu me détruire… » Il s'agissait d'un portrait croisé de Romane Bohringer et moi à travers nos relations familiales. Dans l'interview, sans vraiment donner d'explications, je lançais cette phrase, mon cri du cœur. Aujourd'hui, avec le recul, je me dis que c'était inutile dans le sens où une déclaration de la sorte mérite des explications, ce que je n'ai pas eu le temps de faire, à moins que je n'en aie tout simplement pas eu le désir, mon souvenir reste flou. En lisant ce livre, j'imagine que la complexité de nos rapports donnera à qui voudra en faire la synthèse une vision plus précise des relations que nous entretenions jadis, les choses étant aujourd'hui différentes, plus apaisées, moins électriques, je dirais.

Dans le documentaire que j'ai réalisé sur ma mère, où j'ai filmé les dernières semaines de sa vie, elle voulut lui passer un message face caméra : « Alain, comme je vais partir, je te demande une chose… Aime ton fils comme je l'aime, oubliez vos différends. »

Au début de ce livre je dis ma mère « à la peine, rongée par un gros cancer ». J'avais à l'époque un peu d'espoir après toutes les séances de chimio et rayons qu'elle avait subies sans broncher. C'était sans compter sur ce 15 décembre 2020, où face à nous, le médecin lui annonça qu'il lui restait tout au plus quatre à six semaines à vivre.

Elle ne bougea pas, le regarda droit dans les yeux en se contentant d'un : « Bien… »

Il proposa une petite intervention, mettre un Stent, quelque part entre le pancréas et je ne sais quel organe, « pour gagner un mois, si tout va bien. Peut-être ».

« Non, je ne veux rien faire docteur » dit-elle d'une voix tranchante.

Je connaissais ce regard… et ce cou, quand tous les muscles se tendent. Elle avait envie de lui sauter à la gorge, pourtant, ma main posée sur son genou sentait son petit corps malade trembler comme une feuille.

Je n'oublierai jamais cet instant. C'était ça ma mère. Elle n'a jamais détourné les yeux, n'a jamais fui un combat, quel qu'il soit, et face à celui qui venait de s'annoncer elle ne dérogea pas à la règle. Plus tard, dans une de nos interviews, je lui ai demandé à quoi elle avait pensé quand le médecin fit tomber le couperet.

« Merde, et Anthony qui entend ça… »

C'est pour cela qu'elle avait envie de lui arracher la tête, parce qu'il venait de blesser son petit. Ma mère, c'était une lionne dans un corps de moineau, il faut le savoir.

Le choc encaissé, c'est-à-dire quarante-huit heures plus tard, et après en avoir parlé les yeux dans les yeux, nous avons décidé d'immortaliser ses dernières semaines et de tourner ce film. C'était pour moi une lourde responsabilité, je me devais d'être à la hauteur de ce testament unique. Dans cette épreuve, l'aide et le soutien de Sveva, ma fiancée, qui, à chaque instant, était à mes côtés, rendit les choses plus douces. Elle me fut d'une aide précieuse.

Je filmai ces trente-sept jours pour ses petites-filles, c'était son souhait avant tout, pour qu'elles sachent qui était vraiment leur « Mamouch », ce qu'elle avait réalisé au cours de sa vie, qu'il reste une trace autre que des photos, des films, et deux livres dont une autobiographie. Une fin de vie en direct, un hymne à la joie malgré les circonstances, qu'elle partagera en images avec les petites et avec ses proches.

Le plus important pour ma mère, c'était les filles, elle avait peur de les laisser. Pour elles, elle a été une grand-mère, mais aussi une mère de substitution, puisque ces sept dernières années elle a compensé l'absence de Sophie (la mère de Loup et Liv) partie vivre aux États-Unis.

Nous avons filmé Noël, voulant le fêter bien que ce soit le dernier, d'oublier Charlot (le surnom donné à son cancer) et de partager des moments de complicité inoubliables pour nous tous.

Ma mère a décidé qu'elle mourrait à sa manière, comme elle avait vécu, en femme libre. Qu'elle déciderait du jour J. Sa seule demande : que sa sœur Louisette et moi soyons à ses côtés pour lui tenir la main quand l'« anesthésiste » injecterait la faucheuse. Nous avons trouvé cet homme, il était prêt, mais le destin en a décidé autrement.

Au cours de ces semaines, nous avons fait venir à la maison les gens qu'elle aimait, le premier cercle, pour parler, se voir, se dire je t'aime et adieu mine de rien.

Ma mère a toujours vécu comme elle l'entendait, sans compromis, l'amour étant son moteur, celui qui régissait ses pensées ses pulsions et ses actes.

Elle avait ses propres règles, était sans concession avec les autres, mais également avec elle-même. Elle avait un rapport particulier au temps : quand elle avait fait le tour des choses, elle s'en allait. Amours, lieux, aventures professionnelles, quasiment tout ce qui attirait son attention ou son désir passionné. La seule chose d'inébranlable, c'était sa famille et ses amis.

Cela ne l'empêchait pas de vous mettre des coups de griffes, oh non !, bien au contraire, mais quand vous aviez Nat pour amie, c'était pour toujours.

À travers ce documentaire, j'ai décidé de montrer ses trois vies, car son existence est scindée en trois parties très distinctes, comme des chapitres qu'elle aurait fermés tour à tour, ainsi que nos rapports et ceux de notre famille.

Ma mère m'a donné la vie et m'a montré comment mourir.

Je suis soulagé, j'ai pu l'accompagner, être là pour elle et accomplir mon devoir de fils jusqu'au bout, jusqu'à son dernier souffle. Le sens du devoir est à mes yeux une valeur essentielle. Je ne parle pas de cette dernière nuit où la réponse nous dépasse car elle réside dans l'instinct, le courage, les liens d'amour et de sang, je pense à la vie en général. Je ne sais si la transmission est la seule responsable ou si cela doit aussi être intrinsèque, les deux probablement.

Je pense que l'une des clefs de la résilience réside dans cette qualité, même si l'échelle reste subjective, mais comme pour tout dans la vie, il faut essayer de tendre vers le meilleur, cela demande une observation quasi permanente de ses pensées et l'analyse de ses actes.

En cette fin 79, ma mère ne vivait déjà plus chez Dani. Sa relation avec Chris Blackwell étant devenue sérieuse, ils avaient décidé de prendre comme pied-à-terre un appartement de la rue du Petit-Pont dans le 5e arrondissement de Paris. Un très joli duplex de 125 mètres carrés avec trois chambres et une vue unique sur Notre-Dame et le square Saint-Séverin. C'est là que je m'installais à 16 ans avec Loulou pour finir ma dernière année de pensionnat, soulagé, l'esprit léger.

J'ai rencontré Chris en 1980, quand ma mère me fit venir chez lui à Nassau aux Bahamas pour les vacances de février, je n'avais auparavant jamais mis les pieds aux Caraïbes.

Quand du hublot de l'avion je commençai à apercevoir les petits îlots de sable blanc dans la mer turquoise, je fus émerveillé.

Je le reste encore aujourd'hui, à chaque fois j'ai la même sensation ; j'ai heureusement su garder ce regard neuf et je ne me lasse jamais des belles choses.

Il en est de même avec les êtres, il est important de garder en vie l'enfant à l'intérieur de soi.

En arrivant à l'aéroport de Nassau, j'ai été immédiatement enveloppé par cette humidité moite typique des îles, d'autant que nous sommes descendus sur le tarmac pour rejoindre un minuscule terminal sans air conditionné, où nous attendait un groupe de reggae jouant sur une estrade en bois brillant, ornée de drapeaux aux couleurs locales.

Dans certains cas je déteste le progrès : quand je vois l'aéroport aujourd'hui et ce qu'est devenue l'île, j'ai envie de pleurer, mais ce jour-là, je sentais que j'allais passer les plus belles vacances de ma vie et ce fut le cas.

Chris est anglais et a été élevé en Jamaïque. C'était un bel homme charismatique de 45 ans, aujourd'hui, un bel homme de 84 ans. La première rencontre fut courtoise, très british, ce ne sont pas des gens comme nous les Latins, ils sont plus distants, flegmatiques.

Chris en plus est un homme pudique qui ne se dévoile pas facilement. Il venait de toucher le gros lot : sans enfants à l'époque, il avait rencontré une femme dont il était tombé amoureux et par là même récupérait son rejeton, moi.

Il a mis du temps avant de séduire ma mère, il lui aura fallu un an !

Je crois qu'elle a tout de suite senti que ce serait une vraie histoire, les femmes sentent ce genre de choses et je ne pense pas qu'au début elle était prête à cela. Il a ramé comme on dit… Dès leur première rencontre il a pourtant marqué des points, ce qu'il fit ne manquait pas d'air et d'humour. De passage à Paris deux jours et « piloté » par John Bradshaw, un ami commun, il se pointa à la maison rue Fabert (quelques semaines avant que ma mère n'emménage chez Dani) et sonna à la porte, son petit sac en main.

« Bonjour, je m'appelle Chris, je suis de passage à Paris pour deux jours et on m'a conseillé de venir sonner à cette porte, il y aurait une chambre pour moi. »

Ma mère, sans se démonter, avec un beau sourire, répondit : « Vous avez bien fait monsieur, il nous reste celle au fond du couloir, seulement je vous préviens, la maison ne fait pas crédit. » Il s'installa deux jours et réussit même l'exploit, alors qu'elle n'en avait pas envie, de l'emmener voir un concert de l'un de ses groupes qui se produisait à Paris, puis il est reparti pour New York comme il était arrivé, avec son petit sac. Ils ne se virent pas pendant neuf mois, se parlèrent au téléphone une fois ou deux sans véritable rapprochement, rien de concluant.

À l'époque, lorsqu'elle était à Los Angeles, ma mère vivait chez Carolyn Pfeiffer, son amie de longue date productrice de cinéma et son mari Bradshaw. Un jour Chris les invita en vacances aux Bahamas et bien évidemment leur proposa d'emmener leur amie Nathalie, qui accepta à condition de pouvoir emmener son chien Masaï.

« *No problem* » dit Chris, trop heureux que le « *deal* » ne soit pas plus compliqué…

C'est là que commença leur histoire. Chris sortit le grand jeu, promenades en bateau et champagne au coucher du soleil, pique-nique organisé sur la seule plage déserte de l'île, uniquement accessible par la mer, magnifique endroit où s'était tourné *Le Sauvage*, film culte et tellement romantique avec Yves Montand et Catherine Deneuve. À la saison des amours, pour leur tranquillité, deux raies mantas y prenaient chaque année leurs quartiers et nous gratifiaient parfois de ballets absolument magiques.

Je rentrais dans un autre monde qui m'ouvrait les yeux et éveillait mes sens, dans le monde de la musique, celui de Chris Blackwell et de son label Island Records.

Chris est une légende vivante, il lança Bob Marley entre autres et découvrit U2. Il y a dix ans de cela, il reçut un prix spécial à Londres qui le désigna meilleur producteur de ces cinquante dernières années. Bob Marley était à l'époque le numéro un du reggae dans le monde, mais Chris avait aussi d'autres artistes sous son label, comme Cat Stevens, Robert Palmer ou Grace Jones pour ne citer qu'eux. Sa maison donnait sur la mer, une grande maison avec piscine qui lui ressemblait, dans ce sens où elle n'était pas ostentatoire, elle avait l'esprit « Island » qui le caractérise.

L'esprit Island, c'est le souffle de la Jamaïque, le cœur de cette île encore sauvage qui bat dans tout ce que possède Chris, son enfance, ce soleil et cet état d'esprit qui l'anime encore aujourd'hui, une respiration, une façon d'être je dirais « *cool and sharp* ».

Au bout du ponton un bateau, un 27 pieds Bertram sur lequel il avait fait retirer les barrières de protection à l'avant pour le rendre plus plat, moins américain à son goût.

C'est avec ce bateau qu'il m'apprit à skier, puis à faire du mono, ce qui n'était pas évident car étant assez lourd, le Bertram mettait plus de temps qu'un hors-bord classique à déjauger.

Il y avait aussi au bord de la piscine un sauna, pièce incontournable qui fait partie de ses lieux de détente indispensables pour lui et où l'année suivante il m'est arrivé de retrouver Grace pour transpirer… Dieu merci, à 17 ans j'avais le cœur solide. Elle était venue cette année-là à Paris pour faire la promotion de l'un de ses disques et c'est durant cette période que notre petite aventure a commencé, continuant lorsque nous nous croisions au hasard de nos voyages. Ce n'était pas une vraie histoire, d'ailleurs elle était déjà avec un homme, mais des moments d'intimité que nous partagions avec insouciance et euphorie. Pour moi c'était une découverte, pour elle sans doute un bon dessert sucré que l'on s'autorise de temps à autre.

Je ne sais pas si ma mère était en accord avec cela, mais elle ne disait rien et qui ne dit rien consent…

Un jour, des années plus tard à Sundance, elle mentionna en riant mi-figue mi-raisin mes escapades avec la Grande, comme elle l'appelait.

Nous sommes évidemment restés amis, je l'adore, Grace est une femme tout à fait hors norme.

À quelques encablures de la maison de Chris il y avait les fameux studios de Compass Point, qu'il avait fait construire pour enregistrer ses albums et faire venir des groupes du monde entier. Il travaillait beaucoup, surtout la nuit, à la table de mixage avec son ami et complice Alex Sadkin, l'un des meilleurs ingénieurs du son américain du moment, malheureusement tué deux ans plus tard dans un accident de voiture à Nassau.

Le studio était aussi un lieu de passage pour les groupes qui étaient en vacances, ou qui venaient enregistrer. Le soir après dîner, je prenais le Yamaha Chapy jaune de la maison pour aller le regarder travailler ou même m'allonger discrètement sur le canapé dans la salle d'enregistrement pour écouter l'artiste, et si l'occasion se présentait, tirer deux ou trois taffes d'un joint laissé dans le cendrier, ce qui me valut un jour d'appeler la maison en urgence pour qu'on vienne me chercher, incapable de bouger tant le « spliff » était fort. Un moment d'angoisse où j'avais le sentiment de marcher sur coussins d'air.

J'avais 16 ans, ma mère était assez ouverte à ce genre de choses, tant que je ne dépassais pas les limites, sinon elle était capable de se montrer très autoritaire.

Certains penseront qu'elle était permissive, je ne suis pas d'accord : elle avait compris qu'avec mon caractère, si elle me l'interdisait, je le ferais de toute façon en cachette et préférait miser sur la confiance. Je me souviens d'une fois où j'ai dépassé les bornes, c'était l'année suivante, celle de mes 17 ans où j'étais venu avec un copain passer quinze jours de vacances à Nassau.

Ma mère et Chris qui devaient se rendre trois jours en Jamaïque nous proposèrent de les accompagner, ce que je refusai, préférant rester tranquillement à la maison.

En fait, j'avais repéré sur le balcon de la chambre de Chris plusieurs plantations de ganja bien fleuries. À peine étaient-ils partis que la cueillette commença, au début discrètement, une feuille par-ci par-là. L'herbe étant verte il nous fallait la faire sécher et la meilleure solution que nous avions trouvée était de la mettre au four sur du papier d'aluminium. Certes, elle n'a jamais atteint son plein potentiel, mais restait très consommable vu sa provenance. Après vingt quatre heures, la situation et nos comportements avaient changé ; seuls dans la maison, nous nous sommes installés dans la « vidéo *room* » plus proche du balcon fleuri pour y prendre nos quartiers. Durant les quarante huit heures qui suivirent, ce fut un ballet incessant entre la cueillette, le four de la cuisine et notre « fumoir ».

Nous nous étions complètement « lâchés » ! Quand ma mère et Chris rentrèrent, c'est la moitié de sa plantation qui était partie, nous avions cessé de prendre des gants. Lui n'a rien dit, pas bronché, le vrai British, il est parti travailler au studio mine de rien et a laissé ma mère gérer la crise. Après un savon de circonstance, les choses sont rentrées dans l'ordre avec une interdiction de fumer jusqu'à la fin des vacances.

Nous étions tout de même loin du « Douchygate » et des deux jours enfermé dans une chambre pour un doigt bien tendu enfoncé dans un pithiviers feuilleté.

Chris a lui aussi toujours privilégié la confiance, et je le lui ai globalement bien rendu.

J'ai toujours eu beaucoup d'estime et de respect pour lui, c'était un homme droit et de plus, pour une fois, je voyais ma mère heureuse.

Je ne m'étais pas trompé : pour le documentaire que je suis en train de réaliser elle me confia au cours d'une interview : « Chris m'a réconcilié avec les hommes, il m'a redonné confiance, c'est le seul que j'ai vraiment respecté. » Avant cela, elle avait une revanche à prendre. Abandonnée par son père à l'âge de 4 ans, ce qui la marqua dans sa chair, elle écrivit par la suite dans sa biographie que l'homme de sa vie, père de son enfant, la trompait à tour de bras, ce qui à 23 ans laissa d'autres traces, elles aussi indélébiles. Elle devint sans merci avec la gent masculine, sa beauté et son intelligence firent d'elle « une arme » redoutable.

Enfant, après la séparation de mes parents, c'était compliqué pour moi de la voir avec d'autres hommes. Pour un petit garçon sa mère fait figure de référence, c'est la première femme de sa vie et ce monde d'adultes où j'avais du mal à faire la part des choses me faisait souffrir, ces passages successifs même « à pas feutrés » me dévastaient.

Les années 70 et les bouleversements qui ont suivi quant à la libération des mœurs et des femmes ne m'ont à l'époque pas aidé et vinrent compliquer mes premières relations avec le sexe opposé. Un jour, il y a environ six ans, nous en avons parlé au téléphone, j'étais dans une phase de vie obscurcie par une relation toxique et étais parti me ressourcer quelques jours avec une amie sur une île en Grèce. Il y a des relations qui viennent mettre « des coups de couteau sur la pierre tombale » et qui réveillent les vieilles blessures, favorisées par le contexte. J'ai vidé mon sac, lui faisant part des souffrances que j'endurais face à ces hommes et à chacun de ses départs, souvent pendant des semaines. Elle s'excusa, se mit à pleurer et me dit que concernant les tournages elle n'avait pas le choix, puis pour le reste, que les êtres sont loin d'être parfaits et commettent parfois des erreurs.

Les seules fois où j'ai vu pleurer ma mère, c'était à la mort de Loulou et à celle de son ami John Bradshaw, alors qu'elle devait commencer à tourner comme réalisatrice son deuxième film, *Sweet Lies*. Terrassée par la douleur, elle ne pensait pas trouver la force d'aller au bout de son projet. Ce n'est pas quelqu'un qui se laissait aller facilement, mes confidences avaient dû la bouleverser.

Pour ma part, enfant, je voulais sauver mes parents.

Je désirais sauver ma mère de la drogue (elle en a longuement parlé dans sa biographie) mais c'est mon père qui s'en est chargé. C'est la seule fois de sa vie où elle a appelé au secours ; elle lui dit : « Alain je vais crever, il faut que tu fasses quelque chose pour moi, mais surtout pour Anthony. » J'étais sa bouée d'ancrage, sa force de vie, mais là, elle sentait qu'elle allait perdre la partie, elle n'en pouvait plus. Un jour, elle me dit : « Papa a été bien tu sais, il aurait pu t'enlever à moi et me laisser crever mais il voulait que tu gardes ta mère. »

Elle lui en sera reconnaissante sa vie durant.

Il a été à la hauteur et a fait ce qu'il fallait, personne ne pourra jamais le contester, il prit les choses en main : « Je savais que ta mère allait mourir, comme nombre de ses amis, je ne voulais pas que tu sois orphelin » me confia-t-il un jour. Il trouva une clinique en Suisse et la fit accompagner de force, payant des gardes du corps qui se relayèrent vingt-quatre heures sur vingt-quatre devant la porte de sa chambre. Il vit juste, l'un de ses amis, mort d'overdose quelques mois plus tard, était venu jusqu'à elle lui apporter une dose.

Ces années durant, je ne savais pas de quoi il s'agissait, mais je sentais bien que quelque chose n'allait pas, ce qui dans la tête d'un enfant ouvre la porte à toutes sortes de fantasmes. J'entendais parfois des râles, des sanglots quand les portes étaient fermées à clef. Il m'est arrivé de vouloir rentrer, de l'appeler, mais Loulou qui ne me quittait pas des yeux venait me prendre en me disant : « Maman se repose, elle est malade, viens donc… »

Pour moi, tous les indicateurs étaient au rouge, j'inspectais tout, épiais les moindres détails sans jamais obtenir de réponses, cela accumula en moi des angoisses que je porterais longtemps.

Des années plus tard, j'ai tenté de lui faire ralentir la boisson, non pas qu'elle fût alcoolique, mais je ne supportais pas ce regard qui d'un instant à l'autre pouvait basculer de la colère vers une forme de sensibilité débordante. Naturellement, il arrivait que des disputes éclatent. Il m'était impossible de prendre de la distance face à ses attaques, où sciemment elle appuyait là où ça brûlait. Avec le temps, progressivement, en travaillant sur moi, je laissais glisser afin de me préserver. J'ai compris aujourd'hui que l'on peut aider les gens, mais qu'on ne doit pas prendre en charge leurs souffrances, car elles finiront à terme par nous mettre en danger nous aussi.

Mon père, c'était un autre schéma. Alors que j'étais moi-même devenu chef de famille et que la colère que j'avais développée contre lui s'était transformée en une forme de compassion, qui avait réveillé chez moi le désir de lui faire comprendre que l'amour n'était pas une affaire de tyrannie mais qu'il était ailleurs, je me sentais investi d'une mission : lui donner l'exemple, lui montrer que je lui avais pardonné, que j'étais un bon fils et qu'il pouvait lui aussi devenir un bon père. Un jour, dans un contexte particulier, je pense qu'il comprit ma démarche, je ne sais s'il prit la peine de l'élaborer, c'était plutôt instinctif chez lui.

Ce mois de juillet, il était en clinique depuis des semaines afin d'y recevoir des soins, depuis que Mimi, après lui avoir parlé à plusieurs reprises au téléphone sentant qu'il se passait quelque chose, avait débarqué à Douchy à l'improviste et décidé de prendre les choses en main et de l'envoyer se reposer à l'étranger.

« Je suis arrivé à la maison, j'ai trouvé ton père seul, tellement seul Tonino, il n'allait pas bien du tout. » Elle était furieuse et dévastée que personne ne s'occupe de lui et n'y fasse attention.

De Los Angeles où je passais mes vacances, je l'appelais quasiment tous les jours, passant beaucoup de temps à lui parler et parfois même à le réconforter. Un jour, il me dit cette chose très belle : « Tu vois, tu es un peu devenu le père de ton père, c'est dans l'ordre des choses finalement, merci fils. »

Dans ma tête ce fut une implosion, je me dis qu'après tant d'années d'échecs successifs, j'y étais finalement parvenu, qu'il était revenu « dans le monde des vivants ».

« Ton père est capable du meilleur comme du pire, mais dans le pire il est toujours le meilleur », disait son avocat et ami D. V. À peine sorti de clinique, tel ces chevaux qu'on remet au pré après les avoir soignés et qui repartent en galopant, un peu comme quand j'étais gosse où après trois jours il ressortait de sa chambre pour reprendre le chemin des studios, il disparut à nouveau.

Des mois durant il restait injoignable pour moi.

Ce fut ma dernière tentative. Je compris après cela que dans cette vie, rien ne serait jamais plus comme à l'origine, comme quand j'étais petit, j'en pris acte et tournai définitivement la page.

Ces dernières années, ma mère s'est beaucoup occupée de lui et de nous, tentant régulièrement d'éteindre des braises prêtes à repartir à la moindre bourrasque.

Dès qu'il devait venir à Paris pour des examens de routine, il voulait dormir chez elle, ça le rassurait : « Qu'est-ce qu'il était chiant ! disait-elle en rigolant, avec son orange pressée son thé et ses tartines, en plus il n'arrêtait pas de se plaindre. » Il y avait toujours un truc qui n'allait pas. Je veux bien la croire…

Alors que je tournais à Cognac la série *Interventions*, un vendredi soir, ma mère avait décidé d'organiser un dîner chez moi avec Liv et Loup, mes deux filles, pour qu'elles puissent profiter de leur grand-père, leur opa (c'est comme ça qu'il leur a demandé de l'appeler, n'aimant pas « papy »). Ils ont dîné ensemble, j'étais comblé que les filles puissent passer ce moment avec lui, c'était si rare.

Vers 22 heures je leur ai téléphoné, ils étaient heureux et regardaient une émission animalière. J'appris qu'ils voulaient tous dormir à la maison et leur prêtais naturellement ma chambre, mon père demanda à dormir à ma place, côté droit, cela tombait bien, ma mère préférait la gauche. Amusant de les imaginer ensemble dans un lit cinquante ans plus tard, le mien de surcroît.

Tout se passa comme un enchantement, jusqu'au réveil, quand il demanda un peignoir. Ma mère alla voir dans la salle de bain.

« Anthony n'en a pas.

– Comment il peut vivre sans peignoir, enfin merde ! Il faut un peignoir dans une maison ! »

Il était soudain de mauvais poil, n'avait pas son peignoir, la journée s'annonçait grise. Quand elle me raconta l'histoire au téléphone elle me dit encore : « Mais quel chieur putain, quel chieur ! » Aujourd'hui j'ai trois peignoirs…

Il y a quatre ans, l'appartement voisin de celui de ma mère, appartenant à Marc et Sarah Lavoine, s'étant libéré, mon père sauta sur l'occasion. Ce soir-là, il dînait chez elle et en apprenant la nouvelle, voulu envoyer dès le lendemain Daniel, son chauffeur, prendre des informations.

Au petit matin, ma mère chargea Irène, sa gouvernante et amie qui connaissait bien la concierge, de lui dire qu'au cas où le chauffeur de M. Delon se présenterait, que l'appartement était déjà loué.

« T'imagine, s'il s'installe ici, il sera tous les jours chez moi, je n'aurai plus de vie, ce sera un enfer ! dit-elle.

– Oui, papa est un coucou, tu sais ces oiseaux qui prennent le nid des autres. »

Nous sommes partis d'un fou rire incontrôlable… le coucou ! Le surnom s'est avéré justifié puisque systématiquement lorsqu'il venait dormir, le matin tôt, quand ma mère avait finalement sombré dans le sommeil (elle était insomniaque) il se glissait dans son lit… « Nat, ça ne te dérange pas ? » disait-il alors qu'il était déjà sous les draps.

Il la réveillait, la coupant dans son élan, l'obligeant deux heures plus tard à se lever avec lui pour préparer son orange pressée et son thé.

Finalement, vers 9 heures, elle pouvait enfin commencer sa nuit.

Elle râlait après lui, mais au fond elle l'aimait profondément, il l'attendrissait, sa solitude la touchait, elle me parlait parfois de leur rencontre, bien sûr, il avait déjà ce caractère sombre et torturé, mais il avait encore une joie de vivre, « il aimait se marrer, sortir, voir du monde ».

Selon elle, il se serait enfermé dans cette représentation de lui-même qu'il se créa un peu plus tard : l'image du Delon solitaire, dur, beau ténébreux, et se serait perdu dans ce labyrinthe érigé par lui. Pour faire simple, à force de se prendre pour un autre, il perdit ses repères et libéra ses démons.

Elle ne voyait pas Delon, mais un homme comme les autres, elle n'avait pas tort, car quand la lumière s'éteint et que l'on se retrouve seul face à nous-même nous sommes toujours nus, au seuil de la mort c'est pareil, je le sais, je l'ai vu de mes yeux. Ma mère n'était pas quelqu'un qui vivait les choses à moitié. Après l'accident vasculaire de mon père en juillet 2019, je lui fis remarquer qu'elle devrait absolument prendre de la distance. Je la voyais détruite, submergée. Elle me confia : « Je sais Anthony, mais j'ai l'impression que c'est mon petit, mon enfant, je le vois si fragile, si démuni, je ne peux pas m'en empêcher. » Ce fut un choc pour elle, je suis persuadé à ce jour que c'est ce qui déclencha son cancer du pancréas. Les femmes, à ce niveau, sont plus fragiles que nous, il semblerait ; j'ai autour de moi plusieurs d'entre elles qui à la suite d'un divorce ou d'une séparation ont déclenché un cancer, je l'entends moins pour les hommes, sans doute sommes-nous moins émotifs.

Quand le médecin de mon père nous demanda de prendre une décision concernant l'opération, qu'il n'avait qu'une chance sur dix de s'en sortir, elle releva la tête, combative à nouveau, prête à faire face. Dans l'adversité elle n'a jamais pris d'autre voie.

Nous avons décidé, Anouchka, Alain Fabien et moi, ses enfants, qu'il fallait tenter la chirurgie, c'était ça ou il risquait de s'éteindre en quelques semaines.

Un jour où mon père était en veine de confidences, ce qui la plupart du temps l'emmène sur des chemins pour le moins sombres, il me dit : « Tony, si un jour il m'arrive quelque chose et que je suis dans le coma branché pour vivre, je veux que tu me débranches… Je veux que tu me le promettes. » J'ai promis.

Être l'aîné, n'est pas toujours simple, en fait nous sommes souvent ceux qui prennent le plus de coups, c'est en général sur nous que les parents projettent le plus, ceux sur qui les espoirs reposent et ceux à qui incombent les responsabilités les plus lourdes.

Je me situe plutôt dans la seconde catégorie, celle des responsabilités. Je n'ai jamais eu le sentiment que mes parents projetaient sur moi quelque plan de carrière que ce soit ou même projet de vie.

Il m'a donc confié des secrets, secrets que je ne révélerai jamais. Il sait que malgré tous nos différends je ne trahirai pas sa confiance.

Je pense qu'à ce moment très précis, il avait besoin de se confier, de vider son sac.

Ce fameux soir à l'hôpital, je ne pouvais m'empêcher de penser qu'il fallait que tout se passe bien, ou alors très mal, pour qu'il ne devienne pas un légume. Des heures durant, je n'ai eu de cesse, en plus du reste, d'évaluer les risques et les retombées judiciaires possibles à mon encontre, sentant, si le vent tournait, quelques années d'emmerdes se profiler devant moi.

À minuit nous étions encore tous assis par terre à la sortie du bloc, personne ne pleurait mais la tension était palpable chez chacun d'entre nous. L'intervention eut lieu en retard mais fut concluante et il se sortit de ce mauvais pas.

Ce ne fut pas le cas de ma mère, sa disparition le choqua : « Je ne pensais pas que Nat partirait la première. » Il a ressenti de la peine pour moi, naturellement, mais a eu peur, car il savait que les ponts de son passé étaient définitivement coupés, qu'il était désormais seul, sans Mimi et Nat, ses deux valkyries. Il me téléphonait trois fois par jour, faisant preuve d'une tendresse inhabituelle, m'appelant même « mon tout-petit », ce qui réussit à me foutre la trouille, me faisant penser qu'il était en train de perdre la tête.

Puis un soir, à l'heure du coucher, il abattit ses cartes : « Tu t'es bien occupé de maman, j'ai vu… (silence). S'il m'arrivait quelque chose tu t'occuperais de moi pareil ? » Je lui répondis : « Oui, si tu me laisses faire, ou si tu me le demandes, évidemment. » Il était rassuré, puis 48 heures plus tard il disparut, reparti dans son monde à lui.

Il y a certaines personnes qui ne changent pas, ce qu'ils sont leur convient, tout le monde n'aspire pas à être heureux. Lui est comme ça, il s'aime et se déteste, il souffre et s'en délecte, c'est l'une de ses ambivalences.

Cette douleur, cette souffrance, la colère également sont des moteurs ; s'il se trouve en carence, il les provoque, c'est là qu'il puise son énergie.

Certains jours il s'en veut, reprochant même son sort à la Vierge Marie, puis il passe à autre chose. Comment voulez-vous qu'il n'en soit pas de même avec nous ses enfants, surtout les garçons, c'est normal ! Le jour où j'ai compris ça, j'ai compris beaucoup de choses.

« Je t'aime moi non plus » disait ma mère lorsque nous abordions le sujet. L'incarnation du scorpion dans toute sa splendeur.

Je me souviens de ce reportage télé donné par mes parents dans leur jeunesse, où ils parlaient l'un de l'autre et au cours duquel ma mère racontait : « Alain ment tout le temps, simplement parce qu'il n'aime pas se justifier. » Elle avait raison. Dernièrement dans une interview, il avoua finalement mentir « toujours », surtout en amour… ça le rend très difficile à cerner.

Nous sommes très différents sur ce point, le mensonge est un chemin alternatif que je considère comme une perte de temps, celle de ne pas assumer ses actes et ses pensées. Ma mère détestait cela également, ou alors c'était de la mauvaise foi, si évidente qu'elle se tournait soudain en dérision pour partir d'un grand éclat de rire tant le mensonge était gros.

J'ai réalisé des années plus tard que si j'avais pardonné à mon père, notamment cette guerre ouverte en 1984 ayant pour objet ma ligne de cuir, ce n'était pas par bonté, mais pour sauver ma peau. Le pardon était la seule manière que j'avais trouvée de ne pas me laisser submerger par la haine et la violence qui, de par ma nature, se seraient retournées contre moi pour finir par m'anéantir. Ce qui me nourrissait, me donnait des forces étant jeune, désormais à l'âge adulte me détruisait.

Nous sommes aujourd'hui le 21 juin 2021, je suis dans le train entre Paris et Rennes où je vais finir le tournage de mon film, un téléfilm où je joue un curé, à nouveau.

C'est étrange, à la mort de Loulou on me proposa un rôle de curé, à celle de ma mère également.

C'est une date particulière, il est 11 h 30 et il y a cinq mois et trente minutes s'éteignait ma mère.

La douleur reste toujours très vive, j'ai bien sûr accepté le fait qu'elle soit partie, mais j'ai cette pensée étrange, un peu comme quand dans un film le héros meurt prématurément et que l'on se dit que ce n'est pas possible, qu'il ne peut pas mourir, que c'est une feinte, qu'il va resurgir à un moment donné. Je n'avais pas ce sentiment ces derniers mois, c'est quelque chose de nouveau. Cette femme pouvait traverser tous les ouragans, toutes les tempêtes, j'en parlais dernièrement avec ma tante, elle-même éprouve un sentiment paradoxal.

Ce n'est pourtant pas la première fois qu'elle est confrontée à la mort, elle a subi la pire des pertes, celle d'un enfant, son fils, lui aussi atteint d'un cancer et qu'elle accompagna pendant des années, le voyant endurer des douleurs insoutenables. On n'est jamais préparé à la disparition d'un être cher, ce n'est pas une habitude que l'on peut prendre. Elle m'avouait avoir elle aussi du mal à réaliser le départ de sa petite sœur, encore une fois à cause de cette incroyable énergie qu'elle générait, cette force de vie hors du commun : non, elle ne pouvait pas nous quitter.

Comme moi, elle fut marquée par cette dernière nuit, où nous avons vécu ensemble des moments très durs, nous l'avons accompagnée, Louisette lui tenant la main, moi lui caressant et lui embrassant le front, tentant de la réconforter et de lui donner tout l'amour et la force que je possédais en moi.

Quatre heures durant, quatre heures où nous ne pouvions rien faire, si ce n'est changer les serviettes et les draps imbibés de sang, quatre heures à prodiguer des paroles d'apaisement pour l'aider à passer le pas, à quitter ce monde. Je priais chaque instant Dieu, s'il existe, qu'elle ne parte pas comme ça, c'eût été trop dur pour elle et pour nous.

Quatre heures à sentir cette odeur de fer rouillé dont j'ai du mal à me défaire et qui aujourd'hui encore, tel un fantôme, s'invite parfois à l'intérieur de mes cellules et de mon âme, pour me rappeler à quoi peut ressembler l'odeur de la mort.

Quatre heures à la voir encaisser tout cela sans broncher, pour à un moment lever sa tête, le sourcil froncé et l'œil clair, pour nous dire d'une voix autoritaire et caverneuse : « Je n'ai pas peur ! »

Mes prières ont-elles été entendues ? Je l'ignore, mais à 6 heures du matin elle nous a congédiés, pour s'endormir tranquillement et rendre son dernier souffle quelques heures plus tard.

Il est difficile pour moi de décrire vraiment ce que je ressens face au courage qu'elle a montré dans cette ultime épreuve. Je suis fier d'avoir été son fils, mais également très ému, car sa vie durant elle a essayé de m'épargner ses moments de faiblesse, une posture qu'elle avait prise dès ma plus tendre enfance pour ne pas montrer une maman fragile, mais toujours forte et dans la vie. Jusqu'au bout elle a maintenu le cap, elle ne s'est jamais plainte, n'était pas quelqu'un qui geignait, bien au contraire elle relevait toujours la tête pour affronter l'adversité.

Je souhaite que le jour de mon départ je sache montrer le même aplomb, la même force.

Quand un être cher disparaît, tous les souvenirs remontent, comme certaines interrogations qui auparavant ne s'étaient jamais manifestées. Sa vie défile depuis des mois dans ma tête, j'entends ses paroles et revois ses prises de position dans telle ou telle circonstance et je dresse un bilan. Je revois nos plus beaux moments, comme les mauvais mais qui, eux, prennent naturellement beaucoup moins d'importance.

Ma vie durant, sans doute influencé par mon éducation judéo-chrétienne et ce héros que j'ai admiré pendant tant d'années, j'étais persuadé que ma force venait de mon père, que cette capacité de repartir au combat et de ne jamais lâcher venait de lui.

Je n'avais, il me semble, jamais vraiment regardé ma mère sous cet angle et aujourd'hui, force est de constater que j'avais tort.

En 1986, je venais de tourner mon deuxième film, *Chronique d'une mort annoncée*, dans une mise en scène de Francesco Rosi, c'était ce que je pourrais qualifier d'événement. Tout d'abord nous avons ouvert cette année-là le Festival de Cannes hors compétition, Rosi étant l'un des derniers grands noms du cinéma italien de l'âge d'or, et un hommage lui fut rendu. L'adaptation était tirée d'un roman de Gabriel García Márquez, l'auteur de *Cent ans de solitude*, le plus grand écrivain sud-américain de l'époque. Me concernant, c'était un événement médiatique. La presse internationale, en partie pour mes frasques judiciaires et mes amours médiatisées, s'était éprise de ma personne et me portait aux nues, mais ce n'était pas l'unique raison. J'avais tout de même dans ces années 80 eu un succès foudroyant avec ma collection de cuir et réussi à donner à l'époque une image à laquelle les gens avaient envie de s'identifier, celle d'un rebelle, un jeune homme libre. Tout cela malgré moi car je ne faisais que vivre ma vie sans tenir compte du reste, je crois l'avoir clairement expliqué dans les premières pages de ce récit.

Les dents allaient à nouveau grincer à Kennedy. Mais cette fois, quand on m'a proposé ce film, je n'ai pas hésité une seconde, pas comme à l'époque, lorsque les Japonais de Mitsubishi m'avaient proposé une publicité au Japon. Le montant était pour moi faramineux : 700 000 francs, environ 110 000 euros d'aujourd'hui, mais autant dire une fortune en 1982. Plein d'enthousiasme, j'étais allé voir mon père pour lui en parler. Il buvait le thé avec Mireille dans la cuisine, je n'oublierai jamais sa réaction : « Si tu fais ça, tu auras un ennemi sur terre, ton père. » Mimi n'a pas ouvert la bouche cette fois, sachant bien que l'on était sur un terrain plus que miné. Depuis *Le Samouraï*, le Japon était sa chasse gardée, il était considéré là-bas comme un demi-dieu et il n'y avait pas de place pour deux Delon.

Je pris acte en lui répondant simplement : « Ne t'inquiète pas je ne la ferai pas. »

Je refusai la proposition, je l'ai regretté depuis lors, car mon geste ne servit à rien, l'histoire parlant d'elle-même…

Je n'avais pas peur d'un éventuel conflit, mais l'idée de le décevoir avait pris le dessus.

Un père qui parle comme ça à son fils annonce déjà la couleur et c'est ce que je n'ai pas voulu comprendre à l'époque. Avec un inconnu, j'aurais immédiatement fait la synthèse et vu que j'avais face à moi quelqu'un prêt à me barrer la route quoi que je fasse.

Je réalise en écrivant ces lignes à quel point notre cerveau censure et comme il est difficile de voir la réalité telle qu'elle est quand on aime un être. Il existe un semblant d'explication à son comportement qui pour moi ne l'excuse en rien, ayant pour ma part toujours privilégié les liens du sang. Le « cap des 50 » fut pour lui majeur, il m'avoua un jour que cet âge le terrifiait et que ce passage à la décennie suivante le plongeait dans une profonde dépression.

Son comportement n'ayant plus changé depuis lors, j'en déduis qu'il doit être en « roue libre » depuis maintenant un bon bout de temps. Me voir grandir, beau, entrant dans la force de l'âge, réveilla sans doute chez lui une jalousie incontrôlable et une frustration profonde, celle de ne plus avoir 20 ans, ressentiment qui le projeta dans une spirale de destruction et d'oppression sans aucune retenue. En écrivant ces mots, en me remémorant cette journée dans la cuisine, il me vient tout de même la rage, je la sens qui me prend dans les membres et les tempes, cette même rage façonnée par l'injustice et la blessure à l'amour qu'il me fallut apprendre à juguler tout au long de mon existence.

Auparavant, je vivais avec cette violence à fleur de peau, 24 heures sur 24, c'est pourquoi j'avais besoin de trouver des exutoires, de flirter avec la mort, ce désir de brûler la vie avec insouciance sans tenir compte des règles, gouverné par une douleur qui ne me lâchait pas et une colère difficilement contrôlable. Ma nature profonde est à l'opposé, mais c'est ainsi, il faut se battre pour redevenir ce que l'on est au fond. C'est la société et notre entourage qui nous façonnent, donnent le la, ce mouvement de balancier entre un état et l'autre définissant précisément ma personnalité de l'époque. Le jour où je signai *Chronique d'une mort annoncée*, titre prémonitoire, j'en acceptais les conséquences, la France étant également une chasse gardée.

Seulement cette fois, j'étais aussi chez moi.

Je suis à l'aéroport de Carthagène et j'attends l'arrivée de Parrain avec enthousiasme, lui qui a traversé les hémisphères pour venir me rendre visite en Colombie sur mon tournage. Je le vois encore arriver avec son costume bleu marine col mao de chez Hollington, sa chemise bleue et sa cravate marine, son unique tenue, le comble de l'élégance et de la simplicité. Je l'embrassais chaleureusement, ma figure paternelle, mon indéfectible parrain, j'étais heureux et rassuré.

Il me suffisait à l'époque de lui passer un coup de téléphone et de parler avec lui pour me sentir plus fort, il en était de même avec Loulou.

Nous avons pris la voiture mise à ma disposition et conduite par un assistant pour rentrer à l'hôtel. Durant le trajet il me faisait partager ce qu'il avait lu sur la Colombie avant de prendre l'avion, les choses importantes à savoir sur ce pays, ses coutumes, etc.

À part Escobar et les Farcs, je ne savais rien. « J'ai amené l'échiquier, on pourra jouer le soir dans la chambre. » À l'époque il me battait encore régulièrement, je me souviens de ce brin de malice qu'il mettait quand il disait : « Échec au roi », cela se répétait à quelques reprises puis, calmement le coup de grâce : « Échec et mat » toujours sur le même ton, avant de relever ses lunettes dans une attitude de contentement dont il savait qu'elle m'exaspérait encore plus, car j'ai toujours détesté perdre, encore plus aux échecs, car le facteur chance n'y existe pas.

Sachant qu'il le faisait exprès, cela atténuait le goût amer de ma défaite et par conséquent la rendait moins douloureuse. C'était tout un jeu entre nous, un petit simulacre de concurrence.

Contrairement à moi, perdre ou gagner lui importait peu, la seule chose quand nous jouions qui pouvait l'agacer c'est quand il faisait une bêtise. Pas à ce stade, mais plus tard, quand nous étions de force égale, avant que j'inverse définitivement la tendance.

Après le *check-in*, je lui donnais rendez-vous pour le dîner, le temps qu'il se rafraîchisse et se repose un peu. Quand il descendit il était habillé de lin blanc, chemise et pantalon, chaussé d'espadrilles provençales blanches, sa tenue « équatoriale ». Il est vrai qu'à Carthagène en cette période, il y avait plus de 80 % d'humidité.

« Où m'emmènes-tu ?

– Dans un bon restaurant tu verras, on va dans la vieille ville. »

Pendant le dîner nous avons beaucoup parlé du tournage, curieux, il me posait mille questions et se délectait avec amour de mes réponses. Nous avions cette chose en commun lui et moi, nous buvions nos paroles respectives. Moi parce qu'il ne disait que des choses passionnantes et lui parce qu'il m'aimait comme un fils.

Le lendemain matin, à 8 heures, il était sur le pont avec moi et venait sur le plateau.

Il se rendit immédiatement auprès de Francesco Rosi qu'il connaissait, lui parlant avec un italien quasi parfait, et alla ensuite se caler dans un coin pour tout voir sans déranger personne.

Entre les prises je l'observais avec fierté, il avait un air très sérieux et concentré, je savais qu'après il viendrait me faire ses commentaires avisés. J'ai cette très belle photo de nous deux sur le plateau où il m'écoute attentivement, buvant son café dans un gobelet en plastique.

Parrain était une vieille âme, un guide, descendu là pour me protéger et me montrer la voie. Dès l'âge adulte j'ai commencé à en prendre conscience, puis c'est devenu une évidence. Comme toujours, c'est quand la mort vous sépare que vous prenez la pleine mesure de ce que certains êtres vous ont apporté. Ce fut un peu le cas pour lui, pour Loulou c'était différent, car elle vivait avec moi 365 jours par an. Sa disparition a été l'instrument de ce que je peux appeler ma deuxième naissance, elle fissura ma carapacc, ce bouclier que je pensais inoxydable et me mit à nu, tel un enfant, à la merci de mes peurs et de mes angoisses que j'avais refoulées depuis tant d'années.

Parrain resta trois jours, puis il retourna à Paris, satisfait du devoir accompli ; il avait réussi à me faire travailler avec un grand metteur en scène italien. Il avait une passion pour l'Italie et la nostalgie de l'âge d'or de ce cinéma qu'il avait si bien connu. Il me parlait souvent de Luchino Visconti qu'il aimait profondément et qui l'avait quitté trop tôt. Les dernières années de sa vie, il avait par moments des élans, des envies de là-bas et sans prévenir, au milieu d'une conversation il me disait : « Quand m'emmènes-tu à Rome, fiston ? » Parfois il surenchérissait avec un : « Nous y avons été si heureux… »

Une chose m'a toujours frappé chez lui, il ne connaissait pas le décalage horaire. « Je ne connais pas de décalage, je règle ma montre à l'heure du pays et le soir je me couche tout naturellement à l'heure habituelle. »

Il disait cela en toute simplicité, avec ce brin de malice, en souriant, le même qu'aux échecs. « Je ne sais pas ce que vous avez tous avec vos soucis de sommeil, j'ai tant de gens insomniaques autour de moi (étant agent artistique il faisait bien sûr allusion aux acteurs et metteurs en scène qu'il côtoyait au quotidien). Moi, où que je sois je m'endors, tu me mettrais sur une paillasse ou dans un hamac que ce serait pareil. » Toujours ce même air, ce fameux. C'était un personnage unique en son genre.

Mes filles l'appelaient Pipou, ça lui allait comme un gant. Je savais qu'à partir de 6 heures du matin heure de Paris, où que je sois dans le monde je pouvais l'appeler, car comme une montre suisse il se réveillait tous les matins à 5 h 55.

« Pourquoi à 5 h 55 ?

– Je trouve que ça sonne bien. »

Après il faisait sa toilette, se rasait, puis lisait un scénario, c'était sa routine.

À 8 heures, Lourdes, sa formidable concierge qui s'est occupée de lui quarante ans durant, « une femme remarquable, d'une intelligence et d'un bon sens hors du commun », lui emmenait son thé et son croissant, puis il partait au bureau à pied, quarante minutes de marche militaire, grâce à laquelle il a toujours réussi à garder sa foulée de parachutiste.

Il prit sa retraite le 1er janvier 2000.

« Pourquoi le 1er janvier 2000 ? Tu pouvais encore travailler un peu.

– Ça sonne juste, et puis j'ai travaillé toute ma vie, je vais maintenant me concentrer sur mes petites-filles et la lecture. »

Ses petites-filles, il en a profité jusqu'au bout, la lecture malheureusement un peu moins, étant diabétique il a fini complètement aveugle. Fait marquant, il avait à l'époque recueilli un chat à la SPA, qui était lui aussi aveugle, nous nous en sommes rendu compte le jour où pour la première fois nous l'avons amené chez le vétérinaire.

La SPA ne lui avait rien dit, trop contents sans doute de caser ce pauvre chat déjà en fin de vie. Je me souviendrai toujours de sa réaction : « Fiston ! Cassius est aveugle comme moi, comme c'est étrange, nous étions vraiment faits pour nous rencontrer. »

Ce chat vivait derrière le canapé, il avait sans doute été traumatisé, personne ne pouvait l'approcher excepté Parrain. Il l'appelait : « Cassius, mon bonhomme, tu viens… Cassius ! Il ne vient pas car tu es là, il viendra plus tard. » Certaines de ses phrases resteront dans ma mémoire à jamais, tant elles étaient prononcées avec cette candeur si affectueuse qui lui était propre.

Les dernières années de sa vie, il ne pouvait qu'écouter la radio, France Culture le passionnait, car chaque jour disait-il, il y découvrait quelque chose.

Quand je parle de mon parrain, j'espère en silence que mes enfants comprendront mieux qui je suis, car c'est aussi lui qui m'a façonné, aux antipodes de ma vraie figure paternelle, je suis le yin et le yang, c'est ce qui fait de moi l'homme et le père que je suis.

Parrain s'était envolé, le cœur serré je me recentrais sur mon travail.

Nous sommes restés tourner un mois à Carthagène, puis sommes partis six semaines dans la jungle, dans un village au nom étrange de Mompox, pour revenir ensuite à notre point de départ. Travailler avec des acteurs tels que Gian Maria Volonté, Alain Cuny, Irène Papas, Rupert Everett pour ne citer qu'eux était pour moi une véritable inspiration. Mon regret : je n'ai pas joué avec Volonté. J'aurais tant aimé, mais je l'ai beaucoup observé, cette tension intérieure qui ressortait dans son jeu et qui était je trouve très particulière, pour ne pas dire unique, faisait de lui un grand acteur. Je ne travaillais pas tous les jours, mon rôle était secondaire en termes de temps de tournage, mais central dans l'histoire, puisque c'est par Santiago Nasar que le scandale était arrivé. C'était la grande question : était-ce vraiment lui qui avait défloré la mariée ou l'avait-elle dénoncé pour protéger quelqu'un d'autre, en l'occurrence son père, l'inceste étant courant à l'époque dans ces régions reculées ? Au vu de l'histoire, nous avions pour la plupart conclu, Rosi en tête, que Santiago avait été sacrifié, tué par les jumeaux Vicario à coups de couteau à saigner les porcs.

Perdu dans la jungle de Mompox, par 97 % d'humidité et un mercure frôlant les 38 degrés quotidiennement, j'étais tombé amoureux de Carolina Rosi, la fille du maître. Un amour réciproque qui, si la vie n'en avait décidé autrement, était résolument fait pour durer. Elle était d'une vivacité d'esprit, d'une maturité et d'une force de caractère rares, le portrait craché de son père napolitain. Le dernier mois, alors que je rentrais de Mompox accompagné de mes deux gardes du corps armés de Uzi, les risques d'enlèvements étant élevés en Colombie à l'époque, j'avais décidé de louer une grande maison dans la vieille ville pour y accueillir des amis venus me voir de New York et Paris.

Carolina et moi avions envie de nous installer ensemble, quittant l'hôtel afin de nous éloigner de ce père qui voyait notre histoire d'un œil plein de scepticisme. C'était une demeure coloniale magnifique, faite de patios, de verdure, avec une piscine. Nous avions un nombre incalculable de personnel pour s'occuper de nous, essentiellement de jeunes hommes et femmes, seul le cuisinier, pièce maîtresse de la maison était d'un âge mûr.

Parrain aurait adoré cette demeure, c'était tout à fait son style, nous y avons été si heureux. Certains de mes amis, dont je tairai les noms, s'en sont donné à cœur joie avec le produit local numéro un, la cocaïne, mais toujours derrière mon dos. À l'époque j'étais furieusement contre, ce qui leur donna quelques crises de parano lorsque je rentrais de tournage, s'imaginant un drame au cas où je m'apercevrais de quoi que ce soit. Je n'ai rien vu, mais quand des années plus tard l'un d'eux me raconta l'histoire, cela me fit plutôt sourire.

Des singes vivaient avec nous, trois étaient en cage, mais deux tout-petits étaient en liberté, j'ai cette photo incroyable de Valérie, ma meilleure amie, elle aussi présente, avec l'un des singes sur sa tête, une minuscule boule de poils roux. Un de ceux qui étaient en cage était particulièrement agressif, un petit singe d'une cinquantaine de centimètres, il tentait sans cesse de nous agripper lorsque nous passions à proximité. Parfois il réussissait à attraper les cheveux d'un des jeunes qui lui donnait à manger, et quand cela se produisait, lui tirait sèchement la tête contre les barreaux.

Un jour, alors que j'étais tranquillement en train de discuter avec mon ami Hugo, que nous appelions aussi « le Doc » (mon colocataire lorsque je vivais à New York et qui avait eu la gentillesse de me donner un futon que je pouvais déplier dans le salon de la *townhouse* de 64th où nous vivions), le singe apparut en hurlant, il s'était échappé. Levés d'un bond, nous sommes partis en courant à travers les pièces, poursuivis par l'animal en folie. Je riais, mais le Doc lui était terrifié. Beaucoup moins vif que moi à cause de son surpoids et de l'absence de sport sa vie durant, il était à la traîne. Je me dirigeai vers la cuisine afin de nous enfermer, car c'était la seule pièce au rez-de-chaussée munie d'une porte. Pour rigoler, un brin sadique, je la fermai, laissant Hugo face à l'animal afin de voir sa réaction. Celle-ci fut immédiate, hurlant et tambourinant sur cette dernière : « Anthonyyyy ouvre !! », il était au bord de la crise de nerfs. Après quelques secondes je le libérai, le singe, à deux mètres de lui, les bras écartés, sautait sur place se préparant à attaquer. Hugo se rua à l'intérieur, le singe dans son sillage, je criai : « À la piscine Doc !! » poursuivis par l'animal enragé, nous nous sommes jetés habillés dans l'eau sous les insultes d'Hugo, lancées en brésilien, sa langue natale.

Nous y sommes restés le temps que l'un des employés de la maison arrive avec une épuisette géante et parte à la poursuite de l'animal.

Ce dernier mois colombien passa comme un éclair, puis Carolina et moi sommes rentrés à Paris, elle chez sa tante Krizia, la célèbre couturière italienne, et moi quai Malaquais, front de Seine, que je louais désormais, alors que Parrain gardait sa « cellule » sur cour.

Je quittai Carolina pour une femme dont j'étais tombé fou amoureux, Valérie Kaprisky, et un an plus tard je la quittai non pas pour une autre, mais par peur qu'elle ne m'abandonne. Je souffrais à l'époque du syndrome d'abandon et provoquais des conflits avec l'autre pour me convaincre qu'elle n'était pas la bonne personne et pouvoir ainsi m'en séparer.

Avec une enfance comme la mienne comment pouvait-il en être autrement ?

C'est à ce moment précis que par faiblesse je baissai les bras face à certaines idées bien arrêtées comme prendre des drogues, ce qui n'a rien de très original, tant de gens ayant consommé et souvent pour des raisons similaires. Je ne vais donc pas m'étendre, l'important étant de savoir s'arrêter avant que les dégâts ne soient irréversibles.

L'annonce venait d'être faite : mon film, *Chronique d'une mort annoncée* ouvrirait le Festival de Cannes lors d'une projection hors compétition, je n'en revenais pas.

Je ne tirai pas de plans sur la comète mais pris la bonne nouvelle avec enthousiasme.

La montée des marches fut bien évidemment un moment extraordinaire, même si aujourd'hui ce qu'il m'en reste, c'est-à-dire pas grand-chose, la rend presque anodine, je veux dire par là que le fait d'y repenser ne provoque chez moi aucune émotion particulière, sans doute est-ce trop lointain. Avec le recul, je me dis qu'après *Chronique* il eût été judicieux de partir aux États-Unis pour faire carrière, j'y étais totalement inconnu et mon nom n'aurait en aucun cas été problématique. Quoi que l'on puisse penser, en France s'appeler Delon et faire du cinéma était un handicap. Pas dans le regard du public, car globalement il reste objectif, mais plutôt pour les gens du métier qui avaient du mal à dissocier le fils du père, marqués par une longue liste de films culte et une carrière unique en son genre.

On aurait pris le temps de m'apprécier à ma juste valeur et moi celui de faire mes armes sans aucune pression supplémentaire. Aujourd'hui il y a beaucoup de « fils de » en France, seulement s'appeler Berry ou Jugnot, ce n'est pas Delon. Les petits-enfants auront la partie plus facile s'ils décident de suivre les traces de leurs illustres aînés, je cite en exemple Victor Belmondo dont je suis certain qu'il va faire une belle carrière au cinéma.

Je n'ai jamais accordé beaucoup d'intérêt à la représentation sociale. Je n'ai jamais eu d'admiration comme c'est le cas pour beaucoup de gens envers un homme simplement parce qu'il a réussi et gagné des fortunes. En revanche, je me suis toujours intéressé à l'humain. Je peux admirer le travail d'un acteur, mais pas l'acteur lui-même, pas avant que je connaisse l'homme. Je n'admire pas la réussite, je la respecte à condition que le chemin parcouru ne soit pas parsemé de « cadavres », je garde toujours la distance entre ce qu'accomplit la personne et ce qu'elle est, je n'ai jamais fait de confusion dans ce domaine.

Une chose est certaine, l'homme de la rue compte autant à mes yeux que celui qui se trouve en haut de l'échelle, car ses valeurs, même s'il n'a pas réussi sa vie telle qu'on la mesure aujourd'hui, peuvent être admirables.

J'ai rencontré beaucoup de gens qui vous assureront avoir la même vision, mais la plupart se fourvoient, ça se voit dans leurs yeux, leurs attitudes, dans leurs silences qui parlent fort.

C'est ce que je suis, je pense également que le fait d'être dénué d'envie m'a permis de survivre avec un père comme le mien. J'ai toujours eu l'ambition de réussir et de donner le meilleur dans tout ce que j'entreprends, mais avant tout pour moi.

Pendant que je célébrais et m'amusais à Cannes, où en était le reste de la famille ?

Mireille, après une longue période de deuil extrêmement douloureux, était tombée amoureuse d'un homme génial selon elle, Pierre Barret, historien, journaliste et écrivain. Un bel homme au regard vert émeraude, aventurier et intellectuel, le contraire de mon père en somme.

Ma mère voyageait entre New York, la Jamaïque et Paris, et avait tout de même trouvé le temps d'écrire et s'apprêtait à tourner son premier film comme réalisatrice, *Ils appellent ça un accident*. Mon père, je n'en savais rien, car les ponts étaient coupés ; j'étais le seul à pouvoir essayer de changer les choses, et je n'en fis rien.

Excepté après la mort de ma mère, il ne m'a jamais appelé de sa vie pour prendre de mes nouvelles, ne m'a d'ailleurs jamais simplement demandé « comment tu vas ? », ça semble fou, ou con, au choix, mais c'est la réalité.

C'est pour la même raison que quelques années plus tard, j'appris par hasard la naissance de ma sœur Anouchka. Étrangement, ce qui m'a le plus déstabilisé ce jour-là, c'est de changer de statut, de n'être plus fils unique, d'apprendre qu'il allait aimer un autre enfant, comme si on m'enlevait quelque chose, je n'avais jamais vécu un sentiment pareil, j'étais bouleversé, j'avais peur et ressentais une jalousie inconnue jusqu'alors.

Il ne m'avait pas préparé, pire, il m'avait exclu.

J'étais à la campagne chez ma fiancée, je partais faire des courses, nous étions en fin d'après-midi et il faisait déjà nuit ce 25 novembre 1990 quand soudain en allumant la radio j'appris la nouvelle. Étrangement, la seule personne que j'ai appelée pour en parler fut Valérie, de qui j'étais séparé depuis maintenant trois ans, comme si elle seule pouvait comprendre ma douleur, la seule à qui je pouvais avouer ce moment de faiblesse, de peur et de tristesse.

Elle me reçut froidement, m'écouta et me rembarra, normal. Cette nouvelle m'avait même fait oublier que je l'avais quittée et fait souffrir comme jamais.

En raccrochant je ressentais un vide encore plus grand, je n'avais pas trouvé d'oreille compatissante et me sentais encore plus seul. Je suis parti au village acheter mon beurre et de quoi dîner, le temps de ranger tout ça derrière « mes murs », ceux qui me permirent de traverser toutes les tempêtes et de prendre tous les coups.

En rentrant, d'une manière détachée je dis à Céline :

« J'ai une petite sœur, je viens de l'entendre à la radio.

– Mais tu ne m'en as jamais parlé !?

– Je n'étais pas au courant c'est tout !

– C'est fou cette histoire ! »

C'est un peu l'histoire des Delon, entre omerta et négation.

Cette année-là, ma mère avait déjà pris ses quartiers à Sundance dans l'Utah, elle était tombée amoureuse de cet endroit au milieu de montagnes que l'acteur Robert Redford avait acheté dans une démarche écologiste et de protection de la nature. Il y créa le Sundance Film Institute et son festival à la renommée internationale aujourd'hui, tant sa sélection de qualité est reconnue unanimement. Il n'y a qu'une salle de projection à Sundance, pour les sélections, le festival se déroulant dans la fameuse station de Park City à une trentaine de kilomètres par la route des crêtes, impraticable en hiver pour cause d'enneigement.

Il est vrai que Sundance était un coin de paradis pour ceux qui comme nous aimaient la nature et pas trop la foule. Il n'y avait pas d'hôtel, Redford voulant protéger le lieu du tourisme de masse. Pour y séjourner, il fallait louer un cottage, sorte de petit chalet en bois construit en enfilade à l'anglaise, ou une maison.

Chris en loua un et ma mère s'y installa de manière permanente, histoire de voir si elle aimait y vivre. Elle prit son temps, nous avons gardé le cottage quelques années, avant qu'elle ne décide finalement d'acheter un terrain et d'y faire construire la maison de ses rêves, Cuckoo's Nest (« Nid de coucou » en anglais, en référence au film), la maison des fous.

La construction prit près d'un an, c'est elle qui à l'aide d'un architecte dessina les plans et en fit seule la décoration. Il y avait bien sûr un sauna pour Chris, un jacuzzi sur une des terrasses où elle adorait en compagnie d'amies aussi courageuses qu'elle se baigner, pour ensuite venir se jeter dans la neige, tout juste sorties de l'eau bouillante. Sundance se situant à près de 2 150 mètres d'altitude, la neige pouvait facilement atteindre plusieurs mètres de hauteur.

Je me souviens de l'époque où le cyclone El Niño avait sévi, il neigeait chaque jour plus de 50 centimètres. Les montagnes Rocheuses étaient totalement ensevelies et après quelques jours, nous nous sommes retrouvés coupés du monde. Le canyon de Provo, par lequel passait la seule route rejoignant Sundance, se trouva totalement bloqué par la neige, il fallut trois jours à la voirie pour la dégager.

J'étais moi aussi tombé amoureux de cet endroit, j'y allais au minimum trois fois par an, ne manquant jamais par la suite, après sa naissance, d'y emmener ma fille Loup, Liv étant née en 2001, dix-sept jours avant l'attaque du World Trade Center à New York.

Un hiver, je décidai d'aller seul à Sundance avec Loup, sa mère étant retenue à Paris pour des raisons familiales ; je n'oublierai jamais ce voyage. Au départ de Paris tout était prêt, couches dans un sac bleu ciel orné de lapins brodés, biberons pour le voyage (pour se rendre à Sundance le plus court étant de prendre un Paris-Los Angeles avec une correspondance pour Salt Lake City), quelques compotes et des changes, de quoi faire les quinze heures de vol tranquillement.

La première partie du voyage se passa sans encombre, je réussis à peu près à m'adapter aux toilettes de l'appareil ainsi qu'à sa table à langer. La deuxième escale, elle, tourna littéralement au cauchemar pour le père novice que j'étais. Tout d'abord, pour une raison obscure, Loup eut la courante, je gérais tant bien que mal et sortis mon joker, ma dernière couche, espérant l'estomac noué arriver au plus vite.

« Mesdames et messieurs, en raison d'une tempête de neige dans l'Utah, notre avion sera dévié jusqu'à nouvel ordre sur Las Vegas » annonça d'une voix ferme et sans aucune empathie notre commandant de bord.

Dans le Nevada, rien à voir !

La courante de ma fille vint me rappeler à l'ordre et me montrer que nous étions tous vulnérables face au pire. En rupture de couches et lingettes, je maudissais sa mère sans raison, perdu et confiné dans les toilettes, ignorant que mon calvaire ne faisait en fait que commencer.

La petite inconsolable hurlait, les fessiers irrités par le papier bas de gamme de Delta Airlines qui remplissait son collant en laine devenu par la force des choses humide et nauséabond. À peine retournée en cabine elle se vidait de nouveau, débordant ma couche artisanale faite de papier et d'un haut de pyjama récupéré dans le sac aux lapins, j'étais en perdition.

Ce n'était pas fini, après vingt heures de voyage et huit de décalage horaire, je notais au moment de la coucher qu'elle était fiévreuse. Ma mère me trouva un thermomètre en degrés Fahrenheit, qu'importe, j'avais mon agenda qui dans les premières pages était équipé d'un convertisseur de mesures et de températures. Loup avait 40,8 °C, paniqué je la mis immédiatement dans un bain d'eau tiède afin de faire baisser la température, qui ne descendit jamais en dessous de 40 °C. Serviettes froides sur le front ainsi qu'autour des chevilles n'y changèrent rien. À 3 heures du matin, ne sachant que faire, j'appelais mon docteur à Paris.

« Advil et Doliprane toutes les quatre heures, Anthony.

– Fait !

– Il ne faut pas que ça dépasse les 41 °C, sinon bain à température.

– Fait !

– Surveillez et rappelez-moi s'il y a un problème.

– Je ne fais que ça ! »

Sur les coups de 6 heures, épuisé, par miracle, je m'aperçus que je m'étais trompé d'unité de mesure, la petite n'avait jamais dépassé les 39. Ivre de fatigue, je m'endormis soulagé, Loup ne mourrait pas aujourd'hui.

À Sundance, les saisons étaient resplendissantes. Les hivers rigoureux avec des températures qui avoisinaient facilement les – 10 °C le jour pour atteindre – 25 °C la nuit. Les étés étouffants avec pas moins de 35 °C dans la vallée ; quant à l'automne, les Aspen Trees, sorte de bouleau local, prenaient des couleurs absolument magnifiques, teintées de rouge vif, de jaune et de vert.

L'Utah est considéré comme l'un des États les plus beaux des États-Unis, car il regroupe toutes les formes de relief et végétation, montagnes, forêts, plaines et canyons, comme Bryce Canyon, Red Canyon ou Lake Powell, un lac entouré de roches rouges identiques à ce qu'on peut trouver en Arizona au Grand Canyon. Pour l'histoire, au siècle dernier, l'Utah était l'État de prédilection des *outlaws* comme Billy the Kid, Jesse James ou les fameux Butch Cassidy et Sundance Kid que Paul Newman et Robert Redford immortalisèrent dans leur film culte.

L'endroit idéal pour se cacher ou prendre la fuite.

C'est dans cet environnement propice que ma mère prit sa santé en main. Elle qui fumait deux paquets par jour décida d'arrêter sans crier gare. Elle pratiquait la randonnée et se mit à faire du yoga. Comme elle ne faisait jamais rien à moitié, elle décida de se perfectionner, partit en Inde et après plusieurs années de pratique, à l'instar de Jane Fonda, créa sa propre méthode pour en faire un programme de remise en forme, que Canal+ distribua en France et à l'international. Marc, un ami qui vivait à Provo et dirigeait l'unique restaurant de Sundance, était également professeur de ski en hiver, c'est lui qui initia ma mère au camping sauvage. L'imaginer dormant sous la tente et vivre à la belle étoile était pour moi une surprise. Elle était bien équipée, ne laissant rien au hasard, possédant même un lit gonflable qu'elle connectait à l'allume-cigare de sa Jeep Cherokee, un personnage !

Quand elle entreprenait quelque chose il fallait que ce soit parfait. « Pourquoi faire les choses à moitié, c'est chiant ! » disait-elle souvent.

Un été, je suis moi aussi allé faire du camping avec Sophie, ma compagne ; nous sommes partis une semaine avec tout l'attirail de ma mère, mon 9 mm en plus. Utah, Arizona, Nouveau-Mexique en remontant par le Colorado, c'était magnifique, nous dormions une nuit sous la tente et une nuit dans un motel choisi au hasard sur la route. Il nous est arrivé un jour de dormir près d'un parking de *truckers* et aussi étrange que cela puisse sembler, le mouvement de va-et-vient perpétuel de ces monstres d'acier tel un ballet me berçait, me transportait dans un autre monde.

Une nuit où nous étions en pleine nature, Sophie me réveilla apeurée, un énorme reniflement se faisait entendre tout autour de la tente, jusque près de nos têtes. Immédiatement, je pensais à un ours, d'autant que nous étions dans le Colorado et que la veille dans une boutique d'alimentation un type nous avait raconté l'accident mortel d'un campeur qui la semaine précédente s'était fait dévorer par un ours brun.

Son erreur : avoir tiré sur l'animal à travers la porte de son camping-car, alors que celui-ci essayait d'entrer, attiré par les odeurs de nourriture. L'ours est un animal intelligent, après une bonne dizaine de minutes sans un bruit, l'homme pensant l'avoir abattu sortit sans méfiance et se fit dévorer vif.

Je prenais délicatement mon pistolet et l'armai en silence, puis les deux mains sur la poitrine, j'attendais. Mon calcul était simple, l'homme au camping-car avait tiré trois balles de son revolver, j'en avais quinze à disposition, si l'ours entrait dans la tente je lui viderais le chargeur dans la tête. Il ne se passa rien et après une heure, le silence se fit à nouveau.

Chargé d'adrénaline, je ne m'endormis pas avant 5 heures du matin.

Le plus drôle de l'histoire, c'est qu'après m'avoir réveillé, voyant que j'étais en mesure de nous défendre, Sophie en confiance se rendormit presque aussitôt, me laissant les yeux ronds comme une chouette. Au matin, fraîche comme une fleur, elle faisait le tour de la tente pour relever les empreintes qui finalement ressemblaient plus à celles d'un élan qu'à celles d'un ours assurait-elle.

Ma mère était heureuse, elle avait trouvé un nouvel équilibre, commencé une nouvelle vie. Seule ombre au tableau, la construction de cette maison au début des années 90 coïncidait avec sa séparation de Chris Blackwell : après plus de dix ans d'une relation sans ombrage, leur couple marquait le pas. Cela se fit avec beaucoup d'amour et de tendresse, deux vies prenant simplement une direction divergente, un exemple à suivre.

Nous étions devenus amis avec pas mal de gens qui comme elle possédaient une maison, beaucoup d'artistes, essentiellement de Los Angeles, acteurs, écrivains, scénaristes, qui se différenciaient en venant ici d'une majeure partie du gotha qui préférait la station d'Aspen dans le Colorado, beaucoup plus « *show off* » et bruyante, des gens également plus concernés par l'écologie et un mode de vie responsable, une autre philosophie.

C'est aussi à Sundance que ma mère écrivit son premier livre, *Au plus fort de l'orage.*

L'histoire d'une jeune femme, Marie, qui part à la recherche de son petit frère Nicolas, porté disparu dans… l'Utah. Une histoire très forte, qui m'a beaucoup impressionné à sa lecture, n'imaginant pas qu'elle était capable d'écrire un roman de cette qualité.

Elle abordait une fois encore le thème de l'abandon, comme lors de son premier film, une façon de boucler la boucle. Dans *Sweet Lies*, son second long métrage comme réalisatrice et premier projet américain, elle prit un virage, elle se lança dans la comédie et eut un casting de choix : Treat Williams et Joanna Pacula, qui venait d'avoir un franc succès avec le polar *Gorky Park.*

Sweet Lies était une comédie romantique, et le tournage se passerait à Paris, ce qui n'était pas pour déplaire aux Américains, vouant encore à l'époque une naïve admiration au Vieux Continent.

Ma mère passa un peu plus de dix ans dans ses montagnes. Le temps pour elle d'en faire le tour, comme à son habitude, puis au début des années 2000, elle rentra à Paris un peu avant la mort de Loulou, également emportée par un cancer.

Elle rentra pour se rapprocher de sa famille, surtout de ses deux petites-filles, Loup et Liv.

Au fond d'elle, je le sais, elle avait besoin d'accomplir ce devoir, être une grand-mère irréprochable, présente et aimante, ce qu'elle réussit haut la main. Le rôle de mère laissé vacant par le départ de Sophie aux États-Unis lui revint de fait, sans qu'elle outrepasse jamais ses limites. Elle analysait bien ces subtilités et devint une figure maternelle incontournable pour mes enfants. En s'occupant de mes filles, elle a d'une certaine manière réinitialisé notre relation, notre histoire, je lui ai tout pardonné.

L'amour et la constance, parfois même un peu autoritaires, dont elle fit preuve avec les filles furent pour moi le plus beau des cadeaux.

Quoi de plus essentiel dans la vie que de voir nos enfants devenir de belles pousses robustes, épanouies, prêtes à nous succéder un jour et à nous dépasser. C'est notre cadeau à l'humanité, la transmission est tout ce qu'il restera, continuant de vivre dans la mémoire cellulaire de nos descendants, immuable, tout le reste passant aux oubliettes.

Après la mort de mon parrain, ce fut très compliqué, je venais de perdre ma figure paternelle emblématique, j'avais la sensation d'être passé premier de cordée, les deux murs porteurs de mon enfance, mes anges gardiens, m'avaient à quelques années d'intervalle quitté, laissant un grand vide.

Six mois plus tard, en janvier 2012, je jouais au Théâtre Saint-Roch à Paris une pièce d'un auteur finlandais, considéré chez lui en Scandinavie comme « l'Almodovar des Mille Lacs ».

Cela me fit du bien de travailler, ce métier a cela de réparateur : quand on tourne ou joue au théâtre, on ne peut penser à autre chose, toute notre attention étant mobilisée pour la création. Je me souviens avoir par le passé vu des acteurs réussir à se produire sur scène le soir même du décès de l'un de leurs parents. Cet hiver-là, un froid sibérien enveloppa la France pendant plusieurs semaines et nous causa de sérieuses difficultés pour remplir la salle, une expérience qui, quand elle se prolonge, n'est jamais très réjouissante pour des acteurs.

Ce spectacle a tout de même eu une saveur toute particulière, car pour la première fois de ma vie, mon père vint me voir jouer.

Avant la représentation, une fébrilité s'était emparée de moi, une légère tachycardie se manifestant soudain, soulignant ma peur de le décevoir.

Une fois le rideau levé, elle se dissipa pour laisser place à une confiance pleine de détermination et l'absolue nécessité de briller devant mon critique le plus sévère. Je fis tout de même attention de ne pas croiser son regard les premières minutes, de peur d'être déconcentré, mais par la suite, discrètement je l'observais du coin de l'œil et voyais qu'attentif, il passait un bon moment.

Je l'ai même vu rire, c'est peu dire…

Le spectacle terminé, il vint dans la loge me féliciter et me confier avec une émotion non dissimulée que j'étais « vraiment bon ».

Ce qui me toucha le plus, c'est ce qui se produisit trois jours plus tard.

Nous venions de finir de jouer la veille et j'étais seul chez moi au fond de mon lit avec 39 °C de fièvre ; mon portable sonna, c'était lui.

« Je te dérange ?

– Non, non je suis couché, je suis grippé.

– Je voulais te dire… l'autre jour quand tu es monté sur scène avec ton costume… t'étais vraiment très beau, on ne voyait que toi.

– Merci papa, ça me fait plaisir. Tu m'appelais juste pour ça ?

– Oui, j'avais oublié de te le dire. Repose-toi bien Tony, je t'embrasse. »

Et il raccrocha.

J'étais ému, j'en avais presque oublié ma grippe, je savais que c'était spontané et que ça venait du cœur. Le fait d'avoir souffert de ce manque du père a toujours, dans des moments de rapprochement et ce jusqu'à ce que je fasse totalement le deuil de nous, suscité chez moi une étrange sensation. Ce sentiment qui dans un moment de complicité tout simple pour le commun des mortels, j'entends par là pour celui qui entretient des rapports normaux avec ses parents, me donnait l'assurance d'une protection absolue. Je me sentais protégé, épaulé, inébranlable, plus rien ne pouvait m'atteindre. Comme si tous mes problèmes et mes douleurs s'évanouissaient en l'espace d'une seconde, remplissant d'un seul coup le trou béant laissé en moi, me donnant une sérénité et une force inébranlables. Je suis certain que mon petit frère Alain Fabien doit, ou a dû, ressentir des sentiments similaires.

Je mesurais dans ces moments-là l'importance du père à mes côtés et l'immense vide que je portais aussi loin que mes souvenirs me permettaient de remonter.

Cela m'a sans doute donné une force que je n'aurais jamais eue.

Cela en valait-il la peine ? La réponse ne m'appartient pas, je ne serai de toute évidence jamais en mesure de connaître la face cachée d'un bonheur après lequel j'ai couru la majeure partie de mon existence.

Mon père a toujours été prévenant avec ses camarades de jeu. J'ai compris qu'il n'appelait pas son fils ce jour-là, mais un acteur. Qu'importe, pour moi le résultat était là, Alain Delon venait de remarquer que j'avais une belle présence sur scène.

Je pense à Vincent Lindon, grand fan d'Alain Delon devant l'éternel… trop même, me racontant sa première scène avec lui, où Delon le prit par les épaules pour le mettre généreusement dans le créneau, autrement dit la lumière. C'est unanime, avec les acteurs il a toujours fait preuve d'humilité et de bienveillance. Les producteurs ou les directeurs de fictions, c'est une tout autre histoire, comme s'ils faisaient partie d'une « autre famille. » J'ai en mémoire « le Grec » comme il l'appelait, directeur de la fiction de la première chaîne privée française, à qui il interdit de mettre le pied sur son propre plateau de tournage, ce qui par ailleurs me valut quelques années de boycottage sur la chaîne, malgré les sourires de façade. J'ai toujours récolté les ondes de choc du père, déclarations à l'emporte-pièce ou comportements déplaisants, cela se traduisait généralement par un « tel père tel fils… » et ceux qui n'avaient pas les couilles de s'en prendre à lui brisaient les miennes le moment opportun.

Cette pièce siffla en quelque sorte le coup d'envoi de notre âge d'or, l'année glorieuse où aucun nuage ne vint obscurcir le ciel bleu azur de notre relation.

Quelques mois plus tard, malheureusement, je me séparais de ma femme.

Un peu en difficulté financièrement, sur les conseils avisés de ma mère : « Anthony, c'est quand même ton père, merde ! Tu peux aller le voir », après maintes hésitations, du bout des lèvres, je lui demandais de m'aider.

Il le fit sans sourciller, obéissant à ce sens du devoir qui l'habite parfois, concerné par l'importance d'un moment comme celui-là, où deux petites-filles sont amenées à être déchirées par un divorce. Avant de retrouver mes quartiers, je me retrouvais à 48 ans chez ma mère, à dormir dans ma chambre d'adolescent qui depuis avait été réaménagée en chambre d'amis. La première nuit, les volets ouverts, à la lueur de Notre-Dame, je fis le point et mesurai l'étendue de mon échec de vie.

Un mois passé, je ne voulais plus partir, j'étais bien finalement chez elle, peut-être qu'inconsciemment j'avais besoin de vivre une adolescence qui m'avait échappé, propulsé prématurément dans un monde d'adultes que je courtisais sans être vraiment à la hauteur.

Je m'installais dans le quartier Saint-Michel, dans un petit trois-pièces, afin de recevoir mes filles en garde alternée. Situation compliquée, somme toute très banale tant les divorces aujourd'hui sont monnaie courante, mais qui reste difficile à vivre.

Durant cette période j'eus le temps de faire un film qui fut sélectionné à Cannes, mais dans lequel, pour des raisons étrangères à ma personne, mes scènes furent coupées au montage. Résultat, de quelques belles scènes il ne restait rien, ou pratiquement. Un rendez-vous raté.

On me proposa également un beau casting, le rôle d'un chirurgien obstétricien, star de son service, anticonformiste et surdoué, une sorte d'électron libre cassant les codes d'un métier où le consensus est soi-disant roi.

Après une recherche de plusieurs mois dans tout Paris, je fus sélectionné par Gaumont, TF1 et le metteur en scène pour interpréter le rôle principal d'*Interventions*, qui avait pour but de devenir la nouvelle série médicale à la française, première dans l'Hexagone pour Gaumont TV, habituée aux succès outre-Atlantique, notamment avec *Narcos*, bref, un challenge pour nous tous.

Le résultat fut mitigé. À l'origine le scénario était bien ficelé et surtout peu conforme à ce qu'on avait l'habitude de voir sur cette chaîne. Malheureusement, sondages internes et peur du renouveau ont raboté les unes après les autres une multitude de scènes déjà tournées, pour finalement en faire une série conforme au panel de votants qu'on ne désirait surtout pas sortir de leur léthargie. Quand ce n'est pas le moment, ce n'est pas le moment.

À la diffusion, les objectifs très précis de la chaîne n'étaient pas vraiment atteints et après paraît-il une brouille interne, la série ne fut pas reconduite.

Ce n'est pas plus important que cela dans une carrière, mais pour moi ce le fut, les conséquences de cet arrêt prématuré changèrent beaucoup de choses à ma vie.

Pendant deux ans on me mit sur le banc de touche. Selon mon agent, dès qu'il me proposait à des producteurs, la réponse était régulièrement la même : « Non, Gaumont et Delon se sont bien plantés avec leur série, on va attendre un peu. » Du jamais-vu, ce n'était pas un crash industriel, il nous manquait au plus 500 000 téléspectateurs et nos courbes d'audience étaient de plus très régulières. À ce moment de ma vie, à mon âge, je ne concevais pas qu'on puisse me mettre au chômage de manière aussi arbitraire, je ne l'acceptais pas et surtout ne trouvais pas ça juste, alors que certains sortent des bides en rafales et continuent à tourner simplement parce qu'ils ont « la carte ». Je décidai qu'il était temps de redevenir maître de mon destin.

Mes filles qui maintenant habitaient à la maison comptaient sur moi. Seul sans enfants je n'ai jamais eu besoin d'assurance vie, je m'adapte à presque tout, je n'ai pas peur, mais la mère de mes enfants venant de décider de repartir vivre aux États-Unis, je ne pouvais me permettre de me retrouver à nouveau en difficulté financière.

Avec l'arrivée d'Instagram, le milieu du spectacle était en train de changer, plus de monde se bousculait au portillon, il fallait désormais inclure dans les castings blogueurs, blogueuses et influenceurs en tout genre, sans parler des sportifs et présentateurs télé, eux déjà présents dans la « gamelle des acteurs ». Il me faudrait désormais avoir une deuxième corde à mon arc, le poids de cette nouvelle responsabilité me rendait anxieux. Depuis quelques années, l'idée de relancer ma ligne de cuirs me trottait dans la tête et le moment me semblait judicieux. En quelques semaines, je trouvais un associé, un ami de longue date qui connaissait bien le monde de la distribution et du *retail*, nous fîmes rentrer deux *sleeping partners* avant de nous lancer dans la reconstruction de ma marque, que je décidai d'appeler cette fois Anthony Delon 1985 (85 en souvenir du lancement de la ligne originale et de son succès).

L'aventure s'annonçait très différente des années 80, je me dirigeais vers quelque chose de plus artisanal. Recommencer à apprendre un métier dont je ne connaissais pas tous les aspects pour finir par le maîtriser totalement me motivait au plus haut point.

À l'époque nous disposions de plus de moyens, certains postes comme le *sourcing* (trouver les peaux) et la fabrication étaient dévolus aux stylistes et à leurs assistants. Cette fois, je m'en chargerai et contrôlerai toute la chaîne de fabrication. J'ai compris durant ces années que pour être un bon patron il était essentiel de maîtriser parfaitement toute la chaîne de développement, et c'est aussi le meilleur moyen de ne pas trop se faire avoir.

Je n'avais pas en démarrant l'aventure la moindre idée de la charge de travail que cela représenterait, et durant les trois premières années, je travaillais sept jours sur sept, n'arrêtant jamais. Je dessinai ma première collection, essentiellement des blousons pour hommes et femmes.

Il fallait ensuite trouver le fabricant, c'était la tâche la plus ardue. En premier lieu je suis allé au Portugal, mais réalisais rapidement que la marque Delon devait être « made in France » (nous faisons partie du patrimoine national après tout) ou à la limite en Italie. Je changeais mon fusil d'épaule, même si le coût de fabrication était bien plus élevé et les marges plus réduites.

Je ne tiens pas détailler tout notre parcours et les écueils rencontrés avant notre lancement dans une boutique de luxe du quartier des Champs-Élysées, ce sont des aspects techniques et ennuyeux dans le cadre de ce récit.

Après neuf mois d'un travail acharné, nous avons présenté notre première collection entièrement dessinée et créée par mes soins, mon ami et moi étions heureux et je me sentais enfin comme je le désirais : « maître de mon destin ». Je décidai d'inviter mon père au lancement, un peu pour conjurer le sort et aussi parce que cela me faisait plaisir qu'il soit là, sentiment ambivalent que j'assume totalement.

Dans la voiture qui nous accompagnait, contre toute attente, imprévisible à son habitude, il me dit :

« C'est bien ce que tu réalises, tu pourrais peut-être aussi t'occuper de mes affaires… » (licences de la marque Alain Delon gérées par sa société suisse.) Je lui répondis que c'était trop tard, qu'il aurait fallu le faire il y a quelques années quand nous avions abordé le sujet un soir à Douchy avec un ami commun, Cyril Viguier, que maintenant je n'en avais plus le temps.

Aujourd'hui c'est ma petite sœur Anouchka qui s'en occupe et je pense qu'elle le fait très bien. Elle sera également son exécutrice testamentaire, fonction que j'ai refusée il y a de cela une décennie, alors que nous dînions tous les deux au Stresa, un restaurant italien que nous considérons comme notre « deuxième maison » et où il me fit la proposition en argumentant que j'étais l'aîné et que ce rôle devait me revenir.

Je répondis qu'il existait des professionnels pour ce genre de choses, des avocats, des *trustees*, que je ne le souhaitais pas, que ce serait le meilleur moyen de me fâcher avec mon petit frère et ma petite sœur, qu'ils avaient l'âge d'être mes enfants et que je voulais préserver notre relation naissante à l'époque. L'histoire démontrera si j'ai eu raison ou tort.

Ce soir-là, une représentante du Printemps Haussmann vit la collection et nous proposa de monter en janvier un « pop-up store » dans leur magasin durant trois mois pour faire un test. Ce fut concluant et à la rentrée de septembre, nous étions au premier étage avec les grands créateurs comme Dior et Balmain pour ne citer qu'eux.

Les Gilets jaunes puis la Covid sont venus mettre un grand coup de frein à ma « renaissance », obligeant à fermer également d'autres boutiques qui nous distribuaient dans la capitale et même à l'étranger. C'est le même régime pour tout le monde, je ne vais pas pleurer sur le passé mais regarder devant, où je me suis déjà préparé à prendre un virage dès que la conjoncture sera plus propice.

Mes filles vivent avec moi depuis maintenant plus de six ans. J'ai aussi hérité de notre chienne malinois, Blew, membre à part entière de notre famille, un être de lumière, car ces animaux sont tels des anges, dont le but ultime est de donner de l'amour et si possible d'en recevoir. Cette chienne, au moment du départ de Sophie, a été pour les filles et surtout pour Liv, la plus petite qui n'avait que 13 ans, un support affectif irremplaçable. Je lui en saurai gré toute ma vie et pour cela, elle gardera une place très spéciale dans mon cœur. Aujourd'hui la vie à trois est un long fleuve tranquille, mais il n'en a pas toujours été ainsi, la première année fut très dure pour nous.

Pour elles, car elles ont dû faire le deuil du départ de leur mère, chacune à leur manière ; pour moi, car me retrouver à vivre seul avec deux adolescentes et tenir une maison n'était pas une évidence et encore moins de tout repos. Je compris à ce moment précis la difficulté d'être femme au foyer, un boulot à plein temps qui impose le respect, n'osant même pas imaginer la vie de celles qui doivent les récupérer à l'école après le travail pour continuer à faire tourner la boutique le soir à la maison. Ce sont pour moi les héroïnes des temps modernes, les vraies.

Au début, la grande, qui avait 18 ans, ne pouvant pas reporter sa douleur et sa colère sur sa mère le fit sur moi et me provoqua de différentes manières, me poussant dans mes derniers retranchements, dans une lutte régulière et crescendo que je ne savais pas perdre.

Je dis « savais », car je suis quasiment né dans les rapports de force, c'est dans mon ADN, ne pas plier a été pour moi une question de survie et elle m'amenait par à-coups à répéter l'histoire. Elle gagna la première bataille, je la mis dehors.

Deux heures plus tard je l'appelais pour m'excuser, lui disant qu'elle pouvait rentrer, que ses clefs l'attendaient dans sa chambre. Là, je gagnais la guerre contre moi-même, contre notre histoire, celle des Delon père et fils, contre les démons de notre famille.

Pour certaines personnes, ce que je raconte peut sembler anecdotique, mais pour moi c'était un pas de géant, j'avais lâché prise, ma conscience et l'amour s'étaient pliés face à cet égo intraitable, celui qui vous emmène à la destruction de tous liens de parenté et de vous-même.

Je déposai les armes, ce fut un soulagement comme toute victoire et ce jour-là je grandis un peu plus, je devins un autre homme. Des années plus tard, la petite vint à son tour éprouver l'édifice, mais la structure était alors inaltérable.

Elles ont fait de moi un homme meilleur et cela ma mère me l'avoua avant de disparaître, c'était sa fierté. Une amie commune m'a dernièrement rapporté un doute qu'elle avait émis à ma mère à mon égard concernant une situation où j'aurais pu franchir une limite à ne pas dépasser, elle lui avait simplement répondu : « Ne t'inquiète pas, je connais mon fils. »

C'est important de connaître ses enfants, mais pour ça il faut savoir les aimer.

La semaine prochaine, je vais enfin pouvoir rejoindre la Jamaïque, Goldeneye très exactement, là où ma mère aimait tant séjourner, dans la maison de Ian Fleming (créateur de James Bond) que Chris acheta il y a une trentaine d'années, déjà. C'est un endroit unique, d'une beauté rare où la nature reste puissante et immaculée, nous allons accomplir ses dernières volontés, répandre ses cendres dans cette mer bleu turquoise des Caraïbes qu'elle aimait tant. Ce sera une fête, comme elle le désirait, avec des gens qui l'aimaient et qu'elle considérait comme sa famille, celle que l'on se crée. Je me suis rendu compte ces derniers mois de quelque chose de tout à fait singulier : en disparaissant, ma mère m'a rapproché de certaines personnes, comme Chris ou Suzette, son amie anglaise, fan comme elle de tennis et de Raphaël Nadal, avec qui elle ne manquait pas une finale du Grand Chelem. J'ai compris que nous étions un peu comme des émetteurs et qu'en nous elle continuait de vivre, comme si à travers l'autre, nous pouvions continuer à la voir et à l'aimer.

Cela m'a particulièrement frappé lors de mes retrouvailles avec Chris. Nous ne nous étions pas vus depuis quinze ans et malgré le fait que nos rapports aient toujours été courtois et emprunts d'une gentille affection, nous n'étions pas ce qu'on pourrait considérer comme proches. Cette fois, ce fut presque mystique, un peu comme si la grâce, telle une coulée de miel, s'était répandue sur nous pour nous rapprocher. Nous nous sommes assis et avons commencé à parler comme si nous nous étions quittés la veille, mais surtout, comme les meilleurs amis du monde. Nous nous sommes fait des confidences très personnelles, avons parlé de nos problèmes, de nos joies, nos peurs et nos attentes, ce qui venant de Chris était une surprise, lui l'Anglais habituellement si réservé, si british. Nous avons ri de bêtises, puis il m'a demandé de lui raconter les derniers instants de celle qu'il appelait « Skill », ce que je fis sans omettre aucun détail. Il m'écouta avec gravité et compassion, les larmes aux yeux.

Nous avons échangé sur tout sans aucune gêne ni censure, comme quelque chose de naturel, le plus touchant pour moi était la façon dont nous nous regardions, il y avait une tendresse véritable, une affection presque filiale, c'était bouleversant, puis nous nous sommes quittés sans vraiment vouloir le faire, mais avec la certitude que désormais nous pourrions compter l'un sur l'autre. En marchant sur le trottoir londonien, regagnant mon hôtel, je compris là encore pourquoi elle avait choisi cet homme.

Nous venons de rentrer de Jamaïque, c'était un voyage émouvant et lourd de sens.

Tous ses amis venus de New York et d'ailleurs, certains que je rencontrais pour la première fois, étaient au rendez-vous, réunis comme promis pour accompagner Nat dans sa dernière demeure, dans la joie et la musique de Bob Marley, comme elle le souhaitait.

Les filles et moi étions particulièrement émus.

Je ne tiens pas à dévoiler ces moments, car ils font partie de mon documentaire que les gens découvriront je l'espère lors de sa sortie.

« Ne sois pas triste, me disait-elle, on a vécu tant de belles choses tous les deux… »

En tirant bénéfice du pire on obtient parfois le meilleur, il faut faire confiance à la vie, c'est pourquoi, d'une certaine façon, je remercie ces confinements successifs, qui je ne sais par quel hasard m'amenèrent à l'écriture, une écriture plus cinématographique que littéraire j'en conviens, mais qui m'a permis d'adapter en série un scénario de film que je gardais dans mes tiroirs depuis des lustres, d'écrire un documentaire sur ma mère après avoir filmé ses 37 derniers jours, et enfin, ce livre dont les droits cinématographiques ont déjà été acquis.

Il ne faut pas baisser les bras, se laisser guider pour pouvoir croire en son destin, croire aux êtres et comprendre que ce qui peut sembler nous être dû, ne l'est jamais.

C'est un piège à éviter, celui de l'excès de confiance et d'attente, contrairement à l'espoir, qui lui nous donne une respiration. La vie est impermanente, les regards évoluent sans cesse, les avis aussi, il faut s'en libérer, je dis cela à ceux qui accordent trop d'importance aux jugements des autres et qui vivent avec comme référence un reflet d'eux-mêmes tronqué dès le départ.

Je me fous d'être en décalage avec le monde dans lequel je vis, j'assume cette solitude et trop souvent même, cette douleur de me demander ce que je fais là.

Je tombe et me relève, je vacille parfois, tentant de combiner sens pratique, pragmatisme et désir d'une vie en dehors des voies qui me sont imposées.

Je fais tout pour rester honnête avec moi-même, je sais qu'il m'arrive de passer à côté, par manque de vigilance, oui, mais jamais par compromis. À 56 ans, je sais quelles sont mes valeurs essentielles et leur serai toujours fidèle, personne sur cette terre ne pouvant me faire dévier d'un iota.

Je sais qu'on peut toujours évoluer, changer radicalement si l'on en a le courage, c'est pourquoi il faut continuer de nourrir l'enfant présent en chacun d'entre nous, car lui ne vieillit jamais et nous donne la force de vie.

J'ai rarement rencontré de famille parfaite, elles ont toutes leurs problématiques et leurs failles, on transporte tous nos douleurs d'enfance, du moins beaucoup d'entre nous, sur ce point je ne me différencie pas des autres, lorsque l'on se retrouve seul chez soi, petit ou grand, avec nos peurs et nos angoisses, nous sommes tous égaux. Je pense avoir en majeure partie réussi à me libérer de mes démons, tout en ayant compris qu'il y a des chemins que je ne dois pas emprunter. L'âge a au moins ce bénéfice, celui de savoir ce que l'on ne veut pas et de comprendre un jour ce dont on a besoin.

Je pense avoir fait preuve de résilience, notamment grâce à des êtres qui à différents moments de ma vie m'ont montré la voie, c'est pourquoi j'ai voulu à travers ce livre leur rendre hommage, les inscrire dans le marbre, car c'est aussi une façon de continuer de les faire exister.

J'ai tenu à raconter une partie de notre histoire, sans fard, au plus près de la réalité, à travers mon regard et mes émotions, pour remettre les choses à leur place, car c'était important pour moi, par esprit de justice et d'équité.

C'est mon caractère, c'est ainsi, je ne changerai pas, c'est plus fort que moi.

Ce qui peut sembler plus simple de l'extérieur s'avère parfois être plus compliqué encore, je n'émets aucun jugement de valeur, la douleur étant propre à soi et perçue individuellement en tant que telle, chacun ayant son seuil de tolérance.

Il faut rester vigilant envers nous-même, car certaines plaies ne se referment jamais tout à fait, comme si une fine membrane s'était formée pour, sournoisement, soudain venir se rompre.

Comme disait ma mère, la vie, c'est l'intelligence du cœur, celle qui dans des moments critiques, désespérés pour les uns ou les autres doit prévaloir ; il faut savoir à ce moment précis poser les armes et tendre la main, même si l'on doit les reprendre par la suite.

J'ai aimé et aime tous les membres de cette famille, du moins l'unique survivant à ce jour.

Je vis avec un vague à l'âme que j'emporterai avec moi jusqu'au dernier instant, quand je lâcherai mon ultime soupir, il ne s'appelle pas « pourquoi ? », car j'ai déjà la réponse à cette question, mais plutôt… « c'eût été bien ».

Les Éditions Points s'engagent pour la protection de l'environnement et une production française responsable

Ce livre a été imprimé en France, sur un papier certifié issu de forêts gérées durablement, chez un imprimeur labellisé Imprim'Vert, marque créée en partenariat avec l'Agence de l'Eau, l'ADEME (Agence de l'Environnement et de la Maîtrise de l'Énergie) et l'UNIC (Union Nationale de l'Imprimerie et de la Communication).

La marque Imprim'Vert apporte trois garanties essentielles :

- La suppression totale de l'utilisation de produits toxiques
- La sécurisation des stockages de produits et de déchets dangereux
- La collecte et le traitement de produits dangereux

RÉALISATION : NORD COMPO À VILLENEUVE-D'ASCQ
IMPRESSION : CPI FRANCE
DÉPÔT LÉGAL : MARS 2023. N° 152976 (3051443)
IMPRIMÉ EN FRANCE

Éditions Points

Collection Points Documents

P5018. La Danse du chagrin, *Bernie Bonvoisin*
P5019. Peur, *Bob Woodward*
P5020. Secrets de flic. Guerre des polices, stups et mafia, l'ex-patron de la PJ raconte, *Bernard Petit*
P5033. Baroque Sarabande, *Christiane Taubira*
P5050. Le Syndrome de la chouquette, *Nicolas Santolaria*
P5051. Ça commence par moi, *Julien Vidal*
P5056. D'argent et de sang, *Fabrice Arfi*
P5065. Mais ne sombre pas, *Aristide Barraud*
P5066. La Vie sexuelle en France, *Janine Mossuz-Lavau*
P5079. De l'aube à l'aube, *Alain Bashung*
P5080. Journal d'un observateur, *Alain Duhamel*
P5081. C'est aujourd'hui que je vous aime, *François Morel*
P5082. Crépuscule, *Juan Branco*
P5083. Les Fabuleuses Aventures de Nellie Bly, *Nellie Bly*
P5084. Le Roman du Canard, *Patrick Rambaud*
P5085. Les Aventures illustrées de Pensouillard le hamster. Comment apprivoiser l'ego, *Serge Marquis*
P5120. Comment j'ai arrêté de manger les animaux *Hugo Clément*
P5157. Nous habitons la Terre, *Christiane Taubira*
P5158. Edgar Morin : l'indiscipliné, *Emmanuel Lemieux*
P5159. Set the Boy Free, *Johnny Marr*
P5160. Le Magot. Fourniret et le gang des Postiches : mortelle rencontre, *Patricia Tourancheau*
P5206. Va où il est impossible d'aller. Mémoires *Costa-Gavras*
P5207. Tous les films sont politiques. Pour Costa-Gavras *Edwy Plenel*
P5208. Marthe Richard ou les beaux mensonges *Nicolas D'Estienne d'Orves*
P5209. Les Imprudents. Sur les traces des résistants du maquis Bir-Hakeim, *Olivier Bertrand*
P5254. Mémoires vives, *Edward Snowden*
P5255. La Plus Belle Histoire de l'intelligence *Stanislas Dehaene, Yann Le Cun, Jacques Girardon*
P5289. La Fabrique du crétin digital, *Michel Desmurget*
P5290. Le Grand Manipulateur. Les réseaux secrets de Macron *Marc Endeweld*
P5291. Vieillir ensemble. Un tour du monde des solutions qui rapprochent les générations, *Clément Boxefeld, Julia Chourri*

P5294. Lettre à Adama, *Assa Traoré, Elsa Vigoureux*
P5316. La Chute du monstre. Marseille année zéro *Philippe Pujol*
P5317. Lesbos, la honte de l'Europe, *Jean Ziegler*
P5318. Algérie. La nouvelle indépendance, *Jean-Pierre Filiu*
P5350. L'Avenir des simples, *Jean Rouaud*
P5351. La Solitude de François, *Marco Politi*
P5390. Noire n'est pas mon métier, *Collectif*
P5391. Lady Lucille, *Gilles Lhote*
P5392. Le Journal de Frank Berton, *Elsa Vigoureux*
P5393. Harry et Meghan, libres *Caroline Durand, Omid Scobie*
P5423. Slow Démocratie. Comment maîtriser la mondialisation et reprendre notre destin en main, *David Djaiz*
P5424. Qui veut risquer sa vie la sauvera. Mémoires *Jean-Pierre Chevènement*
P5425. Un temps troublé, *Lionel Jospin*
P5426. Le Désastre de l'école numérique. Plaidoyer pour une école sans écrans, *Philippe Bihouix, Karine Mauvilly*
P5494. La Revanche des têtes à trous. Bien apprendre et tout retenir à tout âge, *Anne-Marie Gaignard*
P5495. Extraterrestre. Le premier signe d'une vie intelligente *Avi Loeb*
P5496. Les Lois du capital, *Gérard Mordillat, Bertrand Rothé*
P5497. Gulbahar, rescapée de l'enfer du goulag chinois *Gulbahar Haitiwaji, Rozenn Morgat*
P5498. Les Guerriers sans nom, *Jean-Christophe Notin*
P5499. La Pensée blanche, *Lilian Thuram*
P5501. Primo Levi ou la Tragédie d'un optimiste *Myriam Anissimov*
P5539. Emmanuel le hardi, *Alain Duhamel*
P5540. Leur Progrès et le Nôtre, *François Ruffin*
P5577. Le mont Blanc n'est pas en France, *Olivier Marchon*
P5578. J'étais un autre et vous ne le saviez pas, *Olivier Mas*
P5600. Les Plus Belles Histoires de l'escroquerie *Christian Chavagneux*
P5604. Un continent derrière Poutine, *Anne Nivat*
P5605. La Mafia d'État, *Vincent Jauvert*
P5606. Le Nouveau Modèle français, *David Djaiz*
P5607. Vraiment peindre, *Gérard Garouste, Catherine Grenier*
P5608. Le Courage de la nuance, *Jean Birnbaum*
P5609. La France sous nos yeux, *Jérôme Fourquet*
P5670. L'Autre Art contemporain. Vrais artistes et fausses valeurs, *Benjamin Olivennes*
P5671. Vivre la nuit, rêver le jour, *Christophe*
P5672. Histoires de vie, *Edgar Morin, Laure Adler*

P5673. Yes We Cam, *Jean Le Cam*
P5674. Mal de mères. Dix femmes racontent le regret d'être mère, *Stéphanie Thomas*
P5676. En toute confidence, *Line Renaud*
P5677. L'Emprise, *Marc Endeweld*
P5678. Les Infiltrés, *Matthieu Aron, Caroline Michel-Aguirre*
P5679. Voyage aux frontières de la vie, *Nathalie A. Cabrol*

Éditions Points

DERNIERS TITRES PARUS

P5606. Le Nouveau Modèle français, *David Djaiz*
P5607. Vraiment peindre, *Gérard Garouste, Catherine Grenier*
P5608. Le Courage de la nuance, *Jean Birnbaum*
P5609. La France sous nos yeux, *Jérôme Fourquet*
P5610. Des ballerines de Papicha, *Kaouther Adimi*
P5611. Le Cri du Kalahari, sur les terres inviolées d'Afrique *Mark et Delia Owens*
P5612. Nouvelles ukrainiennes, *Emmanuel Ruben*
P5613. Milwaukee Blues, *Louis-Philippe Dalembert*
P5614. L'Éternel Fiancé, *Agnès Desarthe*
P5615. Un autre eden, *Bernard Chambaz*
P5616. Les Vilaines, *Camila Sosa Villada*
P5617. Thésée, sa vie nouvelle, *Camille de Toledo*
P5618. La France goy, *Christophe Donner*
P5619. La Porte du voyage sans retour ou Les Cahiers secrets de Michel Adanson, *David Diop*
P5620. L'Infinie Comédie, *David Foster Wallace*
P5621. Changer / Méthode, *Édouard Louis*
P5622. Jacqueline, Jacqueline, *Jean-Claude Grumberg*
P5623. Rêver debout, *Lydie Salvayre*
P5624. Blizzard, *Marie Vingtras*
P5625. L'Enfant céleste, *Maud Simonnot*
P5626. Kukum, *Michel Jean*
P5627. Memorial Drive, *Natasha Trethewey*
P5628. Être un homme, *Nicole Krauss*
P5629. S'il n'en reste qu'une, *Patrice Franceschi*
P5630. Fenua, *Patrick Deville*
P5631. Au printemps des monstres, *Philippe Jaenada*
P5632. Marcel Proust. Mélanges, *Roland Barthes*
P5633. La Dame couchée, *Sandra Vanbremeersch*
P5634. La Légende du baron rouge, *Stéphane Koechlin*
P5635. Quand on n'a que la terre et autres recueils *Abdourahman Waberi*
P5636. Le Serment, *Arttu Tuominen*
P5637. Indio, *Cesare Battisti*
P5638. L'Eau rouge, *Jurica Pavičić*
P5639. Analphabète, *Mick Kitson*
P5640. Larmes de fond, *Pierre Pouchairet*
P5641. L'inspecteur Sadorski libère Paris, *Romain Slocombe*
P5642. L'Os de Lebowski, *Vincent Maillard*
P5643. The Big Sea, *Langston Hughes*

P5644. Nous n'avons pas vu passer les jours
Simone Schwarz-Bart, Yann Plougastel
P5645. Comedian Rhapsodie, *Thomas Vdb*
P5646. Le Pansement Schubert, *Claire Oppert*
P5647. Beaux Jours, *Joyce Carol Oates*
P5648. La Nuit, le Sommeil, la Mort, les Étoiles
Joyce Carol Oates
P5649. La Pâqueline ou les mémoires d'une mère monstrueuse
Isabelle Duquesnoy
P5650. La Dixième Muse, *Isabelle Koszelyk*
P5651. Les Élucubrations d'un homme soudain frappé par la grâce, *Édouard Baer*
P5652. Ténèbre sur Innsmouth, *Howard Phillips Lovecraft*
P5653. Commonplace Book, *Howard Phillips Lovecraft*
P5654. Comme un ciel en nous, *Jakuta Alikavazovic*
P5655. Mémoires flous, *Jim Carrey, Dana Vachon*
P5656. La Semaine perpétuelle, *Laura Vazquez*
P5657. Les Occasions manquées, *Lucy Fricke*
P5658. Alegria, *Manuel Vilas*
P5659. Pour que je m'aime encore, *Maryam Madjidi*
P5660. Le Conteur, la Nuit et le Panier, *Patrick Chamoiseau*
P5661. Rien à déclarer, *Richard Ford*
P5662. Nourrir la bête, *Al Alvarez*
P5663. Recueil des méchancetés et autres traits d'esprit. D'Alphonse Allais à Margaret Thatcher
François-Xavier Testu
P5664. Proust. Instantanés. Extraits de La Recherche choisis et commentés, *Philippe Delerm*
P5665. Genre : fluide et autres recueils, *Charles Dantzig*
P5666. Livre de la Miséricorde, *Leonard Cohen*
P5667. Nous sommes maintenant nos êtres chers
Simon Johannin
P5668. Un tueur sur mesure, *Sam Millar*
P5669. Pour chaque moment de la vie, *Chögyam Trungpa*
P5670. L'Autre Art contemporain. Vrais artistes et fausses valeurs, *Benjamin Olivennes*
P5671. Vivre la nuit, rêver le jour, *Christophe*
P5672. Histoires de vie, *Edgar Morin, Laure Adler*
P5673. Yes We Cam, *Jean Le Cam*
P5674. Mal de mères. Dix femmes racontent le regret d'être mère, *Stéphanie Thomas*
P5675. The White Darkness, *David Grann*
P5676. En toute confidence, *Line Renaud*
P5677. L'Emprise, *Marc Endeweld*
P5678. Les Infiltrés, *Matthieu Aron, Caroline Michel-Aguirre*
P5679. Voyage aux frontières de la vie, *Nathalie A. Cabrol*

P5680. Le Pain perdu, *Edith Bruck*
P5681. Poussière dans le vent, *Leonardo Padura*
P5682. Les Nuits bleues, *Anne-Fleur Multon*
P5683. À la française, *Bill Buford*
P5684. Notre part de nuit, *Mariana Enriquez*
P5685. Seul entouré de chiens qui mordent, *David Thomas*
P5686. Le Goût des garçons, *Joy Majdalani*
P5687. Prophète, *suivi de* Le Jardin du Prophète, *Khalil Gibran*
P5688. Les Maisons vides, *Laurine Thizy*
P5689. Voyage au bout de l'enfance, *Rachid Benzine*
P5690. Les Heures pâles, *Richard Gaitet*
P5691. Les Années sans soleil, *Vincent Message*
P5692. Capitale de la douleur, *Paul Eluard*
P5693. De la plume et de l'épée, *Souleymane Diamanka*
P5694. Cette couleur-là. Poèmes choisis, *Tracy K. Smith*
P5695. Ida, *Gertrude Stein*
P5696. La Forcenée. La trilogie de K, *Serge Quadruppan*
P5697. Dix âmes, pas plus, *Ragnar Jónasson*
P5698. Tais-toi et meurs, *Alain Mabanckou*
P5699. La Cour des mirages, *Benjamin Dierstein*
P5700. Sororité, Chloé Delaume, *Collectif*
P5701. Le Regard féminin. Une révolution à l'écran, *Iris Brey*
P5702. Le Sexe selon Maïa. Au-delà des idées reçues *Maïa Mazaurette*
P5703. Testo Junkie. Sexe, drogue et biopolitique *Paul B. Preciado*
P5704. Le Corps des femmes. La bataille de l'intime *Camille Froidevaux-Metterie*
P5705. Un appartement sur Uranus, *Paul B. Preciado*
P5706. Ces hommes qui m'expliquent la vie, *Rebecca Solnit*
P5707. Les Couilles sur la table, *Victoire Tuaillon*
P5708. La Crise de la masculinité. Autopsie d'un mythe tenace *Francis Dupuis-Deri*
P5709. Les Argonautes, *Deborah Levy*
P5710. Moi les hommes, je les déteste, *Pauline Harmange*
P5711. Présentes, *Lauren Bastide*
P5712. Seins. En quête d'une libération, *Camille Froidevaux-Metterie*
P5713. Actions scandaleuses et Rébellions quotidiennes *Gloria Steinem*
P5714. L'homme préhistorique est aussi une femme *Marylène Patou-Mathis*
P5715. La Terreur féministe. Petit éloge du féminisme extrémiste *Irene*
P5716. Quatrième Génération, *Wendy Delorme*
P5717. Les femmes aussi sont du voyage, *Lucie Azema*

P5718. Défaire le discours sexiste dans les médias, *Rose Lamy*
P5719. La Vulve, la Verge et le Vibro, *Maïa Mazaurette*
P5720. La Puissance des mères, *Fatima Ouassak*
P5800. Paris, *Émile Zola, Edwy Plenel*
P5801. Trois Contes, *Gustave Flaubert, Aurélia Michel*
P5802. Lettres persanes, *Montesquieu, Alain Supiot*
P5803. De l'amour, *Stendhal, Geneviève Fraisse*
P5804. Historiettes romaines, *Stendhal, Patrick Boucheron*
P5805. Le Comte de Monte-Cristo, vol. 1
Alexandre Dumas, Vanessa Codaccioni
P5806. Le Comte de Monte-Cristo, vol. 2
Alexandre Dumas, Vanessa Codaccioni
P5807. Mémoires, *Marguerite de Valois, Éliane Viennot*
P5808. Giphantie, *Charles Tiphaigne, Yves Citton*
P5809. Les Confessions, *Jean-Jacques Rousseau, Hélène L'Heuillet*
P5810. Mes amis, *Emmanuel Bove, Eric Chauvier*
P5811. Le Père Goriot, *Honoré de Balzac*
Jean-Christophe Bailly
P5881. Macha ou l'évasion, *Jérôme Leroy*
P5882. L'Équarrisseur, *Nadine Matheson*
P6000. Nu avec Picasso, *Enki Bilal*
P6002. New York, aller et retour, *Raymond Depardon, Philippe Séclier*
P6050 Alice Zeniter, une écrivaine au travail
Richard Gaitet, Alice Zeniter
P6051 Nicolas Mathieu, un écrivain au travail
Richard Gaitet, Nicolas Mathieu
P6500. Sa Majesté mène l'enquête
tome 1 : Bal tragique à Windsor
S.J. Bennett
P6501. Sa Majesté mène l'enquête
tome 2 : Bain de minuit à Buckingham
S.J. Bennett
P6502. Au service secret de Marie-Antoinette
tome 1 : L'Enquête du Barry
Frédéric Lenormand
P6503. Au service secret de Marie-Antoinette
tome 2 : Pas de répit pour la Reine
Frédéric Lenormand
P6504. Au service secret de Marie-Antoinette
tome 3 : La mariée était en Rose Bertin
Frédéric Lenormand
P6505. Au service secret de Marie-Antoinette
tome 4 : La Femme au pistolet d'or
Frédéric Lenormand